Jana Frey · Radikal

Jana Frey

Radikal

Hase und Igel®

Für Lehrkräfte gibt es zu diesem Buch
ausführliches Begleitmaterial beim Hase und Igel Verlag.

Dieses Buch erschien erstmals 1995
unter dem Titel „Besinnungslos besessen"
im Carl Ueberreuter Verlag, Wien.
Es wurde für diese Neuausgabe vollständig überarbeitet.

© 2005 Hase und Igel Verlag GmbH, München
www.hase-und-igel.de
Lektorat: Petra Klüners
Grafik: Karla Hendel (mit Schülern der Elly-Heuss-Realschule
und der Fachoberschule für Gestaltung, München)
Druck: CPI – Ebner & Spiegel, Ulm

ISBN 978-3-86760-042-2
6. Auflage 2020

Für Mirko

Achte auf deine Gedanken,
denn sie werden Worte.

Achte auf deine Worte,
denn sie werden Handlungen.

Achte auf deine Handlungen,
denn sie werden Gewohnheiten.

Achte auf deine Gewohnheiten,
denn sie werden dein Charakter.

Achte auf deinen Charakter,
denn er wird dein Schicksal.

aus dem Talmud

Bens Haare sind kurz, braun und lockig. Auch seine Augen sind braun: hellbraun, bernsteinbraun.

Es ist Sommer und er trägt eine ausgeblichene Jeans, ein weißes T-Shirt und alte, schwarze Turnschuhe. Sein Lächeln wirkt unsicher. Über das Lächeln spricht er zuerst. Allerdings nicht über sein eigenes.

„Lauritz lächelte immer. Man konnte sein Lächeln aber nie wirklich einschätzen. Er lächelte vergnügt und nervös und böse und auch, wenn es ihm schlecht ging – und sogar, wenn er stinkwütend war. Er lächelte einfach fast immer." Ben schüttelt nachdenklich den Kopf. Dann fängt er an zu erzählen. Von seinen Eltern, von Lene, von seinem Opa Gustav, von Lauritz, von Kalli, Gonzo, Flipp, dem Hund Hector, von Pia und von Sam Rosenberg und dessen Schwester Deborah.

„Es ist alles wie in einem Nebel", sagt er einmal nervös. „Ich … ich meine, es passierte eben einfach alles. Es war wie ein Sog. Es war Wahnsinn … Und dabei fing alles so schleichend an. Ich war damals aus tausend Gründen mies drauf." Er schweigt einen Moment und fährt dann fort: „Ich meine, ich spürte, dass innerlich so viel passierte mit mir in dieser Zeit. Ich war in mir drin immerzu in Aufruhr – aber außen fühlte ich mich komischerweise bloß bleischwer und endlos schlapp …" Es fällt ihm schwer, die richtigen Worte zu finden für seine Gefühle in dieser Zeit, die hinter ihm liegt.

„Alles ging mir so auf die Nerven: die Schule, der ewige Notenstress, mein Vater, der mich zu so was wie seiner Kopie machen wollte, meine Mutter, der ich so ähnlich sehe, dass es schon peinlich ist – und dazu ihre ewige softe Wischiwaschi-Einstellung zu allem."

Ben seufzt. „Und dann die Sache mit Lene … Das war das Schlimmste von allem: dass sie mich nicht liebte, dass ich ihr nicht so wichtig war. Ich bin fast verrückt geworden, auch wenn ich ihr das natürlich nie so richtig gesagt habe. Vielleicht hätte ich das tun sollen: richtig mit ihr reden. Aber ich hatte plötzlich keine Worte mehr. Alles, was ich fühlte, war Hass!"

Es war der 14. August 2003 und es war heiß, schrecklich heiß. Die Stadt kochte geradezu. Seit Tagen und Wochen hatte es nicht geregnet.

„Ein Jahrhundertsommer", hatte der Mann vom Wetterbericht in den Frühnachrichten gesagt. Gleich danach war ein Bericht über den Nordpol gekommen. Da hatten sie gesagt, das ewige Eis schmelze. Die Pole spielten schon eine Weile verrückt oder so etwas. Irgendwann müssen wir alle dran glauben, da war ich mir sicher. In der Zeitung war vor ein paar Tagen ein Bild vom Brandenburger Tor in Berlin, überschwemmt von Wassermassen.

Sieht so unsere Zukunft aus? stand da. Und: *Ist die Katastrophe noch zu verhindern?*

Ich schaute stumm aus dem Fenster, sehnte mich nach frischer, kühler Luft und dachte über das alles nach: sauren Regen, kranke Wälder, das Ozonloch, die Erwärmung der Erdatmosphäre ...

Schließlich rutschte ich vom Fensterbrett und ging niedergeschlagen in meinem vollgestopften, unordentlichen Zimmer auf und ab. Meine uralte E-Gitarre würde demnächst ihren Geist aufgeben. Im Grunde war sie längst nicht mehr zu gebrauchen. Vor einer Woche hatten mich die anderen im Proberaum in der Schule ausgelacht deswegen. Ich ärgerte mich, wenn ich daran zurückdachte.

Sowieso eine blöde Idee eigentlich, diese Schulband. Sven Niemöller hatte sie ins Leben gerufen. Er war unser Sänger und Texter. Sein Vater war Pilot bei der Lufthansa. Früher waren wir Freunde, schon in der Grundschule. Sven hatte eine laute, lustige Großfamilie. Einmal hatten wir mit seinen Eltern, seinen Schwestern und seinen Großeltern Urlaub gemacht. Auf Sylt. Das war super! Bei den Pfadfindern waren wir auch zusammen. Aber jetzt ging Sven mit Lene. Verdammt!

Ich ließ mich bäuchlings auf mein Bett plumpsen und drückte mein heißes Gesicht ins kalte Kissen. Lene. Lene. Lene. Lene. Lene.

Lene war so schön. Und sie roch gut. Und sie hatte ein Grübchen am Kinn. Ihre Augen waren grün gesprenkelt. Auf der Nase hatte sie ein paar vereinzelte Sommersprossen. Ich stellte mir vor, mit Lene über die hügelige Wiese im Stadtwald zu laufen. Sie hatte einen Dalmatiner und war oft dort. Früher waren wir ein paarmal zusammen da gewesen, aber das war schon lange her. Das war, bevor Sven kam und sie mir wegnahm.

Sven, dieser Idiot! Dieser riesige Idiot! Dieser eingebildete Idiot! Dieser langweilige Idiot! Dieser Großfamilien-Idiot! Dieser Gewinnertyp-Idiot ...

Das Kissen war jetzt nicht mehr kalt. Mein Gesicht hatte es aufgeheizt. Ich hangelte mich zu meiner Anlage und schob eine CD hinein. Das Kissen warf ich in hohem Bogen aus dem Bett.

Dann blieb ich, wo ich war. In meinem Bett, hinter zugezogenen Vorhängen, in sanftem Dämmerlicht. Eingehüllt von der sanften Blues-Stimme der Sängerin, die mich ein bisschen an Lenes Stimme erinnerte.

„Ben, Mittagessen!", hörte ich plötzlich die Stimme meiner Mutter. Vage zog der Geruch von gebratenen Reibekuchen durch meine angelehnte Tür. Ich konnte Reibekuchen nicht leiden! Also rührte ich mich nicht. Mein linker Arm hing bleischwer über der Bettkante.

„Benjamin, hörst du nicht?"

Es roch immer heftiger nach diesen fettigen Reibekuchen. Ich beschloss, einfach nichts zu hören. Gereizt stellte ich mit der Fernbedienung die Musik lauter.

Meine Zimmertür ging auf. „Hast du sie noch alle?", rief meine Mutter verärgert. Immer war sie sofort sauer, wenn ich nicht tat, was sie wollte. Sie stellte den Ton so leise, dass praktisch nur noch ein Flüstern zu hören war.

Ich lag platt auf meiner Matratze und rührte mich nicht. Fast nicht. Immerhin hatte ich noch genug Energie, mit der Fernbedienung die Lautstärke wieder hochzudrehen. Trotzdem hörte ich aus dem Wohnzimmer lautes Geschirrklappern. Lennart, mein kleiner Bruder, deckte den Esstisch.

„Was macht eigentlich dein Heuschnupfen, Ben?", erkundigte sich meine Mutter versöhnlich und fuhr mir durch die verschwitzten Haare.

„Hm", murmelte ich.

„Noch nicht besser?"

„Weiß nicht …", brummte ich und wünschte mir, sie würde mich in Ruhe lassen.

„Armer Schatz."

„Vielleicht bin ich ein Opfer der Klimakatastrophe", mutmaßte ich düster.

„So schlimm wird's schon nicht sein", sagte meine Mutter.

„Typisch", antwortete ich verärgert. „Die Probleme von heute interessieren dich kein bisschen." Wir schauten uns an.

Meine Mutter war in den 80er Jahren eine wilde Studentin gewesen, vor langer Zeit. Sie nannte das „engagiert". Damals hatte sie kurze, strubbelige, pink gefärbte Haare und ging auf Demonstrationen gegen eine neue Startbahn am Frankfurter Flughafen. Später besetzte sie sogar mit ein paar Freunden ein altes, baufälliges Haus in unserer Stadt. Und ich, als ungeborenes Baby in ihr drin, musste mit. Das war 1987. In dem Jahr bin ich geboren. Damals ging es in Deutschland hoch her.

Mittlerweile hatte meine Mutter einen dunkelbraunen Pagenschnitt mit blonden Strähnchen drin und trug Kontaktlinsen. Sie fuhr ein Erdgas-Auto und kaufte im Reformhaus Biogemüse und Eier von glücklichen Hühnern.

„Komm jetzt zum Mittagessen, Ben. Es wird ja alles kalt."

„Ich hasse Reibekuchen", murmelte ich. Jetzt war ich es, der gereizt war. Einfach nur, weil ich mich schlapp und blöd und irgendwie unwirklich fühlte. Weil ich mich nach Lene und nach den süßen Lakritzschnecken sehnte, die sie so gern aß. Weil mich mein Heuschnupfen verrückt machte. Weil die Hitze die Luft in der Stadt unerträglich machte. Und überhaupt ... Eigentlich wollte ich gar nicht so fies zu meiner Mutter sein, wirklich nicht.

„Hör auf zu meckern, du Muffelkopf", sagte sie und ging zur Tür. „Koch gefälligst selber, wenn's dir nicht passt." Damit war sie endgültig draußen. Ich seufzte und stand schwerfällig auf.

Meine Mutter und Lennart unterhielten sich im Wohnzimmer. Lennart lachte ein paarmal. Bestimmt war er froh, unsere Mutter mal eine Weile für sich allein zu haben. Schließlich war er erst zwölf. Unsere Mutter hatte wenig Zeit für ihn. Früher, als mein Vater noch bei uns wohnte, war sie den ganzen Tag zu Hause. Aber seit der Scheidung arbeitete sie wieder, für eine kleine Stadtzeitung. Als freie Lokalredakteurin verdiente sie nicht besonders viel Geld.

Ich nahm die CD aus dem Laufwerk und schob sie behutsam in die Hülle zurück. Dann schlüpfte ich in meine Skater-Jeans und setzte mir meine Baseballmütze verkehrt herum auf den Kopf. Aus dem Wohnzimmer roch es nach lauwarmem Bratfett und Reibekuchen. Ich schauderte.

„Ben?", rief meine Mutter.

„Was ist?"

„Komm endlich. Es wird ja alles kalt."

„Ich hab keinen Hunger", murmelte ich und ging durch den Flur zur Wohnungstür.

„Und wenn du später Hunger kriegst?", fragte meine Mutter.

„Dann ess ich halt später was."

„Und was, bitteschön?"

„Pommes, ich hol mir Pommes. Oder einen Döner."

„Das wirst du nicht tun, Benjamin! Denk an deine Hautprobleme!"

Ich verdrehte wütend die Augen, wütend und gekränkt.
„Hast du wenigstens deine Augentropfen genommen?"
Ich nickte genervt.

Lennart grinste. „Ben hat Liebeskummer, Mama."

„Halt den Mund!", fauchte ich.

Aber Lennart hielt natürlich nicht seinen Mund. „Ben ist in Lene verknallt. Und Lene ist leider mit Sven zusammen." Lennart machte ein trauriges Gesicht. „Die schaut Ben nicht mal an."

„Halt die Klappe, verdammt!", fuhr ich ihn an.

Lennarts Augen wurden hyänenhaft schmal und hinterhältig. „Ben ist Lene so lange hinterhergedackelt, bis Big Sven ihn fertiggemacht hat, mitten auf dem Schulhof. Vor jedem, der es hören wollte – oder auch nicht."

Ich schloss für einen Moment die Augen. In meinem Kopf drehte sich alles. An diesen Tag wollte ich nicht zurückdenken.

„Kein Mädchen will was von Ben", sagte Lennart ungerührt und nahm sich noch einen Kartoffelpuffer und eine neue Ladung Apfelmus. Mir schoss das Blut in den Kopf und ich spürte meinen Herzschlag im ganzen Körper.

„Sei endlich still, du Monster!", brüllte ich mit zittriger Stimme und versetzte ihm einen Stoß.

„Benjamin, hör auf verrücktzuspielen. Hier wird nicht geschlagen!", rief meine Mutter und versuchte vergeblich mich festzuhalten. „Man kann schließlich über alles reden. Wie oft habe ich dir das schon gesagt? Wer schlägt, hat Unrecht."

„Lass mich los, du Pickelgesicht!", schimpfte Lennart und wand sich unter meinem Griff. Warum nannte er mich so? Warum musste er mich dauernd reizen? Warum hatte er den Tag in der Schule erwähnt, als Sven mich vor allen anderen zum Idioten gemacht hatte? Früher hatten Lennart und ich uns gut verstanden. Was war auf einmal los mit ihm? Oder mit mir?

Plötzlich flog, mitten im Gerangel, Lennarts Teller vom Tisch und der Kartoffelpuffer klatschte auf den Fußboden. Da haute mir meine Mutter eine runter.

„Wie war das mit: ‚Wer schlägt, hat Unrecht‘?", fauchte ich atemlos und machte mich wütend aus dem Staub. Die Wohnungstür ließ ich hinter mir ins Schloss krachen.

2

Eine halbe Ewigkeit wanderte ich herum. Die Sonne brannte vom Himmel. Sie prallte direkt auf meine nackten Arme. Ich trat mit voller Wucht gegen eine weggeworfene Coladose. Sie schlitterte über den heißen Asphalt. Ich trat noch ein paarmal zu, bis die Dose zerknautscht liegen blieb.

Den Ostring hinauf schlenderte ich zum Goetheplatz. Dort hockten die *Down unders*. So nannte sich eine kleine Gruppe von Punks, die im ganzen Viertel bekannt war. Meine Mutter mochte sie. Sie hatten bunt gefärbte Haare und steckten in schmuddeligen, meist schwarzen Klamotten. Sie taten nichts weiter, als den ganzen Tag am Springbrunnen herumzusitzen. Ich schaute zu ihnen hinüber. Schüchtern und unsicher, halt verdammt uncool. Ich ärgerte mich über mich selbst. Einer von ihnen hockte im Brunnen. Mitten drin, einfach so. Mit abgeschnittener, schmuddeliger Jeans und einem Gammel-T-Shirt mit aufgedrucktem Hanfblatt. Ich blieb stehen. Der Punk schaute zu mir herüber.

„He, du!", rief er schließlich. „Hast du vielleicht ein paar Cent übrig?" Ich schüttelte den Kopf.

„Echt nicht?" Der Brunnen-Punk schaute ziemlich unzufrieden.

„Echt nicht", antwortete ich knapp.

„Schade eigentlich!", rief er dann.

Ich lief wortlos weiter. Die Füße taten mir weh und mir
war schrecklich heiß. Ich suchte einen Kiosk und kaufte
mir eine Dose Bier. Und dann noch eine. Und meine
erste Schachtel Zigaretten. In meinen Taschen wühlte ich
nach dem nötigen Kleingeld und überlegte dabei, dass
ich dem nassen Punk und seinen Freunden vielleicht
doch ein paar Cent hätte geben können.

Ein bisschen benebelt von der Hitze und dem Bier ging
ich Richtung Freibad. Mein Kopf fühlte sich an wie mit
Watte gefüllt. Im Freibad würde ich sie mit Sicherheit
alle finden, die anderen aus meiner Schule.

Zum Beispiel Moritz, meinen Banknachbarn, der ein
Mathecrack war. Er hatte im letzten Jahr einen bundes-
weiten Mathewettbewerb gewonnen. Und Daniel, unseren Band-Gitarristen, der mit Sarah ging und mir unter
dem Siegel der Verschwiegenheit anvertraut hatte, dass
sie schon einmal miteinander geschlafen hatten. Dabei
war Daniel mit seinen gerade mal 15 Jahren sogar ein
gutes halbes Jahr jünger als ich – zum Teufel mit ihm!

Lene war bestimmt auch dort, da war ich mir sicher. Sie
war im Sommer fast immer im Schwimmbad, auf der
großen Liegewiese neben dem Zehner-Sprungturm. Und
wenn Lene da ist, ist sicher auch Sven nicht weit, ging es
mir durch den Kopf. Verdammt, wahrscheinlich wäre
es viel schlauer, einen großen Bogen um die beiden zu
machen.

Ich stolperte und musste husten. Zittrig warf ich meine gerade erst angesteckte Zigarette weit von mir. Ich fand eine neue Coladose, trat dagegen und rannte. Und trat und rannte. Schweißgebadet schoss ich die Dose vorwärts. Zack! Und zack! Und zack! Ich rannte, bis ich Kopfschmerzen bekam und Sterne vor meinen Augen tanzten.

Wieder dachte ich an Lene. An ihr weiches, glattes Gesicht. An ihren Busen, den ich so gerne noch mal anfassen würde. Einmal, im Stadtwald, im letzten Sommer, hatte ich es getan.

Wir lagen nebeneinander auf der kleinen Wiese am See, nur Lene und ich. Die Sonne stand hoch am Himmel und das Gras unter uns war weich und trocken. Unsere Köpfe lagen auf einem sonnenwarmen Flecken Moos. Wir schauten in die Wolken und kauten an einer Lakritzschnecke, ich von der einen Seite und Lene von der anderen. Unsere Oberarme berührten sich, jedenfalls ein bisschen. Schließlich schaute ich vorsichtig in Lenes Richtung.

„Ich weiß gar nicht, wie ich es dir sagen soll …, dass … dass ich dich lieber als alle anderen Mädchen in der Schule mag", murmelte ich stotternd. Mein Herz klopfte wie verrückt.

„Jetzt hast du es doch gesagt", antwortete Lene und lächelte mir zu, aus allernächster Nähe. Ich spürte ihren Atem in meinem Gesicht. Mehr geschah erstmal nicht. Ich fühlte mich schwer wie Blei. Lene biss die Lakritzschnecke entzwei und nahm sich eine neue. Diese Schnecke aß sie allein. Ich spürte, wie ich innerlich zitterte.

Wie konnte man nur wegen eines Mädchens so verrückt sein? Ich atmete wie ein 1000-Meter-Läufer und kämpfte einen verbissenen Kampf gegen meine bleischweren Arme. Endlich gehorchten sie mir. Ich hob eine Hand und strich mit den Fingerspitzen vorsichtig über Lenes Bauch. Und über ihre Rippen tastete ich mich langsam vor bis zur Wölbung ihres Busens. Meine Finger waren eiskalt, trotz der Hitze. Sie zitterten so sehr, dass Lene es bestimmt merkte. Hastig legte ich meine Hand auf eine ihrer festen, runden Brüste. Ich hielt den Atem an vor Schreck über mich selbst und über die Erregung, die plötzlich über mich kam.

„He!", sagte Lene leise. Mehr nicht. Aber sie wich ein bisschen zurück. Ich fühlte mich wie ein kompletter Idiot und zog meine Hand weg.

Mehr war an diesem Nachmittag nicht passiert.

Inzwischen hatte ich das Freibad erreicht. Die Hitze des Tages flaute allmählich ein bisschen ab. Ein Bus fuhr dicht an mir vorüber.

„He, Ben!", riefen Daniel und Moritz und trommelten von innen gegen das Busfenster. Sie winkten mir gut gelaunt zu. Ihre Haare waren noch nass. Ich winkte matt zurück. Mist, am Ende war auch Lene längst weg!

Die Frau an der Kasse verlangte drei Euro Eintritt.

„Was denn?", murmelte ich düster. „Es ist doch eh gleich Feierabend, oder?"

Die Frau warf einen Blick auf die Uhr. „Allerdings", stellte sie unbeeindruckt fest und schaute mich gelangweilt an. Sie war so dick, dass sie mit ihrem Umfang fast das Kassenhäuschen sprengte. Wenigstens kam es mir so vor.

„Kann ich da nicht umsonst …?"

„Keine Chance, Kleiner."

„Oder wenigstens billiger?"

„Nichts da."

„Aber ich such doch bloß nach ein paar Kumpels."

„Und das kostet dich genau drei Euro", wiederholte sie ungerührt.

„Verdammt", murmelte ich verärgert und kramte mein letztes Geld zusammen. Pech für dich, Brunnen-Punk, dachte ich. Also bekommst du auf dem Rückweg auch nichts.

Eilig ging ich durch die Umkleidekabinen, warf einen schnellen Blick in den Flur, der zu den Duschräumen führte, und rannte über die große Wiese zum Sprungturm.

Ich entdeckte Kalli und Sam aus meiner Schule. „He, Sam!", rief ich erleichtert. Sam winkte mir locker zu.

„Wo sind die anderen?"

„Alle weg außer Kalli und mir", informierte mich Sam und rieb seine Sonnenbrandnase. Ich musterte ihn verstohlen. Eine Menge Mädchen mochten ihn und dauernd hatte er eine neue Freundin. Auch Lene hatte mal für ihn geschwärmt. Sam hieß eigentlich Samuel Rosenberg. Er war irgendwie ein komischer Typ. Seine Eltern hatten ziemlich viel Geld: Sein Vater war ein bekannter Künstler und Sam hatte immer sehr teure, edle Sachen und jede Menge Gel in den Haaren. Den Rosenbergs gehörte eine Riesenvilla am Stadtrand. Manchmal machte Sam Partys im Keller des Hauses. Irgendjemand hatte mir mal erzählt, dass Sam Jude war, aber das war mir eigentlich egal. Hauptsache, Lene interessierte sich nicht mehr für ihn.

Ich sackte neben ihm nieder, um zu verschnaufen. Schließlich hatte ich einen heftigen Stadtmarathon hinter mir. Und das mit leerem Magen – und mit Wut im Bauch. Mein Blick wanderte langsam über das weite Schwimmbadgelände, das Schwimmerbecken, das Nichtschwimmerbecken mit der großen Rutsche, den Spielplatz, den Kiosk mit dem heruntergelassenen Rollo. Mit den Zehen rupfte ich trockene Grashalme heraus.

Und dann schlug die Bombe ein! Direkt in meinen Bauch. Mit voller Wucht.

Im flachen Wasser des Babybeckens, also direkt vor meiner Nase, lagen eng umschlungen Sven und Lene. Arm in Arm und Bauch an Bauch. Lenes Haare klebten schwimmbadwassernass an Svens Schulter und ihr rotes Bikinioberteil berührte seine Brust. Sie war damit beschäftigt, eine Menge winziger, sanfter Küsse in sein braun gebranntes Gesicht zu hauchen. Mir wurde übel bei diesem Anblick.

„Mann, Sam, du bist so ein Idiot!", fluchte ich.

Sam schaute mich verwirrt an. „He, was ist denn mit dir los, Kumpel?"

„Hast du nicht gesagt, es ist keiner mehr da außer dir und Kalli?"

„Sind doch auch alle weg", antwortete Sam verwundert.

„Ach ja?! Und was ist mit den beiden da, hm?"

Sams Augen folgten meinem ausgestreckten Zeigefinger. „Ach, die!", brummte er. „Die beiden kleben so aneinander, die hab ich total übersehen." Er boxte mir freundschaftlich gegen die Schulter und sagte: „Nimm's locker! Es gibt schließlich noch andere Mädchen auf der Welt."

Ich schwieg.

„Todsicher, Big Ben." Er lächelte mir zu.

„Lass mich in Ruhe, okay?", murmelte ich niedergeschlagen und starrte weiter benommen in Lenes Richtung. Schließlich wanderte ich wie ein Roboter am Babybecken vorüber und stürzte mich abrupt ins tiefe Becken – kopfüber und wie ein Stein.

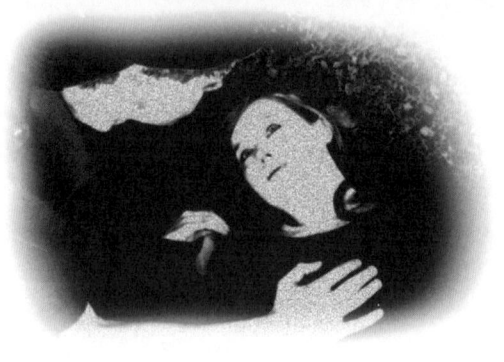

3

Sechzehn Fenster. Dazu acht Kellerfenster im Miniformat. Und eine Dachluke. Ganz oben unter dem Dach. Das war unser Haus.

Ich saß auf der breiten Mauer bei den Mülltonnen, aß Chips und trank lauwarme Cola dazu. Die Sonne brannte schon wieder heiß wie Feuer. Dabei war es noch nicht mal elf Uhr. Wie so oft hatte mein Vater Lennart und mich im letzten Moment versetzt. Terminprobleme. Dieser Mensch war ein einziges wandelndes Terminproblem. Jedes Mal kam ihm etwas dazwischen, wenn er uns etwas versprach.

Ich schloss die Augen und versuchte zu träumen, von Lene und mir, aber es gelang mir nicht. Sven Niemöller war dreist genug, sich sogar in meine Träume zu drängen. Dann dachte ich an Daniel, der mit Sarah ging. Mir wurde fast schlecht bei dem Gedanken, dass Lene womöglich mit Sven schlafen würde.

Der Hausmeister ging vorüber. „Ach, der Krischka! He, sag mal, schläfst du?"

Ich öffnete die Augen und blinzelte. Verdammt, war das hell! „Tag, Herr Eberlein."

„Hast du nichts zu tun, oder was?"

„Es sind Sommerferien", brummte ich.

Meine Mutter konnte Hausmeister Eberlein nicht ausstehen. Was verständlich war. Er hatte einen aggressiven Schäferhund und trank abends im Wäschekeller heimlich Whisky. Er regte sich auf, wenn man laut durchs Treppenhaus lief. Er wurde fuchsteufelswild, wenn man sein Fahrrad gegen die Hauswand lehnte, anstatt es in den Fahrradkeller zu schieben.

Einmal, im vorletzten Sommer, hatte Lennart im Keller seine Fahrradkette geölt und dabei Öl verkleckert. Da hatte Herr Eberlein nicht nur seinen Hund geholt, sondern Lennart auch noch eine Ohrfeige verpasst. Es gab einen Riesenkrach und meine Mutter spannte die gesamte Hausverwaltung ein. Außerdem alarmierte sie unseren – von uns geschiedenen – Vater. Der war Rechtsanwalt und konnte mit Gesetzen und Paragraphen einigermaßen Eindruck machen. Es ging wirklich haushoch her damals.

Also, ganz klar, im Grunde war Herr Eberlein ein Arschloch. Aber irgendwie faszinierte er mich auch. Er sah aus wie ein zerknitterter, alter Bodybuilder. Mit kurz geschnittenen Haaren und aggressiven, blassen, eng stehenden Augen.

Ich rutschte von der Mauer und schaffte es noch, vor ihm ins Haus zu kommen. Der Aufzug streikte mal wieder und so wanderte ich missmutig durch das Treppenhaus.

„Musst du poltern wie eine Herde wilder Elefanten?", schimpfte Herr Eberlein, programmiert auf Hausmeisterlaune, hinter mir her. Ich stampfte noch lauter, nur um ihn zu ärgern.

„Wart nur ab, Bürschchen, mit dir wird es noch mal ein schlechtes Ende nehmen."

„Idiot", murmelte ich und knallte die Wohnungstür hinter mir zu.

Ich nahm das Telefon aus dem Wohnzimmer mit und schloss mich in meinem Zimmer ein. Ich wählte alle Nummern, die mir einfielen. Nirgendwo ging jemand dran.

Bei dieser Hitze wurde ich noch verrückt. Dabei hatte ich mich so auf die Ferien gefreut! Wütend schlug ich ein paarmal mit der flachen Hand gegen die Wand.

Bei Daniel hob auch keiner den Hörer ab. Wahrscheinlich unternahm er mal wieder was mit seinem Vater. Der war Lehrer und kam, sogar wenn Schule war, oft schon am frühen Nachmittag nach Hause. Sarah war auch nicht zu Hause. Moritz war mit seinem Cousin zum Tauchen verabredet. Und Kalli war mit seinem Ferien-Fotokurs auf Exkursion.

Ich zögerte lange. Aber schließlich wählte ich Lenes Nummer. Ihre Mutter ging dran.

„Hallo, hier ist Ben. Ist Lene zu Hause?" Meiner Stimme war anzuhören, dass ich unter Strom stand, obwohl ich versuchte es zu verbergen.

„Tag, Benjamin. Nein, da hast du Pech. Lene ist grade weggegangen. Sven hat sie abgeholt. Soll ich mal am Fenster schauen, ob ich sie noch erwische?"

„Nein, nicht nötig … Danke … Wiedersehen!", beendete ich hastig das Gespräch. Um mich selbst ein wenig zu quälen, wählte ich als Nächstes Svens Nummer.

„Niemöller?"

„Ich bin es, Herr Niemöller, Benjamin."

„Grüß dich, Ben."

„Ist Sven da?" Was war ich doch für ein Trottel! Aber ich musste es hören.

„Tut mir leid, mein Junge", dröhnte die Stimme von Svens Vater durch den Hörer. „Sven ist mit Lene unterwegs." Ich schwieg und starrte müde an die Wand.

„Aber lass dich doch mal wieder bei uns blicken."

„Hm", machte ich und schrieb mit einem Kugelschreiber *Lene* auf einen zerknitterten Zettel. *Lene, Lene, Lene.*

„Wir könnten einen kleinen Ausflug zusammen machen, so wie früher. Ihr hattet doch immer viel Spaß zusammen, Sven und du."

„Au ja", murmelte ich, zerknüllte den Zettel, warf ihn auf den Boden und kickte den Kugelschreiber aufs Bett. Ich legte das Telefon beiseite und schmiss mich in das zerknitterte Bettzeug. Hinein in Krümel und Comichefte und den Stift, dessen Spitze sich in meine Rippen bohrte. Ich fluchte. Diese Hitze machte mich verrückt, komplett verrückt. Ich schnappte nach Luft und zog mir das verschwitzte T-Shirt über den Kopf. In meinem Kopf pulsierte das Blut. Seufzend presste ich meine Hände gegen die Ohren. Es nützte nichts.

Da stellte ich meine Anlage an und laute Hiphop-Musik füllte den Raum. Ich zerrte die Jeans von den Beinen und wickelte mich stattdessen in das krümelige, kühle Bettlaken. Wie eine Mumie blieb ich liegen, eine halbe Ewigkeit lang. Ich döste ein – und wachte wieder auf. Ich hörte dem Zwitschern der Vögel zu und versuchte nicht an Lene zu denken. Aber natürlich musste ich doch an sie denken und strich mir dabei über den Bauch und die

Beine. Ich schloss die Augen und versuchte so zu tun, als streichelte ich Lene. Ich befriedigte mich selbst und fühlte mich wie ein kompletter Idiot dabei.

Später rief ich meinen Opa Gustav an. Eigentlich war er mein Uropa. Er war nämlich der Großvater meines Vaters und lebte allein in einer kleinen Wohnung im selben Viertel wie wir. Aber ich nannte ihn einfach „Opa". Mein wirklicher Opa – also der Vater meines Vaters – war seit Jahren aus unserem Leben verschwunden.

Es dauerte ewig, bis mein Opa Gustav den Hörer abnahm. Er telefonierte nicht gerne und ließ immer erstmal den Anrufbeantworter anspringen, um zu hören, wer etwas von ihm wollte. Klick! Der Begrüßungstext ertönte.

„Hallo, Opa!", rief ich. „Ich bin's – Ben. Geh doch mal dran."

Er nahm den Hörer ab. „Hallo, Benjamin!"

„Hast du Zeit, Opa?", platzte ich heraus.

„Heute?"

„Jetzt gleich! Ich langweile mich zu Tode."

„Eigentlich nicht, Ben. Ich wollte grade …"

„Bitte, Opa!"

„Also gut! Dann komm rüber, du Nervtöter."

„Danke! Tschüss, bis gleich!"

Mein Opa Gustav war Jahrgang 1922. Er war im Zweiten Weltkrieg Oberleutnant gewesen und vor Kriegsende in russische Gefangenschaft gekommen. Seitdem hasste er die Russen. Und den Osten überhaupt. Und den Kommunismus. Und den Sozialismus. Als im Herbst 1989 die Mauer zwischen Ost und West fiel, freute er sich wie verrückt, dass das kommunistische System zusammengebrochen war.

Als Kind hatte er in Danzig gelebt. Da war er geboren. Das gehörte damals zu Deutschland und heute zu Polen. Noch immer nahm mein Opa es den Polen übel, dass sie jetzt lebten, wo er früher gewohnt hatte. Er fühlte sich regelrecht beklaut von ihnen. Wenn er auf der Straße jemanden Polnisch reden hörte, machte er ein Gesicht, als würde er am liebsten zuschlagen. Mein Opa war sein ganzes Leben lang politisch aktiv gewesen. Solange ich zurückdenken konnte, wanderte er Woche für Woche zu irgendwelchen Versammlungen und Sitzungen. Als ich klein war, nahm er mich mal mit zu einer konservativen Wahlparty. Meine Mutter flippte hinterher völlig aus. Mein Vater stand dazwischen und versuchte, alle wieder miteinander auszusöhnen. Klappte aber nicht! Meine Mutter nahm meinem Opa Gustav die Sache mit der Wahlparty immer noch übel. Sie wählte nämlich links.

„Hallo, Opa."

„Tag, Ben. Komm rein."

Wir gingen nebeneinander in seine Küche. Opas uralter Rauhaardackel Hardy trottete langsam hinter uns her. Wie immer fühlte ich mich wohl in der Wohnung meines Opas.

„Willst du was trinken?", fragte er.

„Ja, gerne."

„Was willst du denn? Auch ein Bier?"

„Ja, danke."

Mein Opa holte zwei Flaschen Bier aus dem Kühlschrank. Wir setzten uns nach draußen auf seinen kleinen Balkon und musterten einander schweigend, aber freundlich. Es war schon wieder heiß, die Sonne knallte auf den Balkon. Der Anrufbeantworter sprang ein paarmal an. Es freute mich, dass mein Großvater jedes Mal abwinkte und sitzen blieb.

„Was hattest du denn heute vor, Opa?"

„Hmmm?"

„Du meintest doch, als ich anrief …"

„Ach, ich wollte rüber nach Wilhelmsburg."

„Zu Wilfried?"

Opa Gustav nickte.

Ich nahm einen tiefen Schluck aus meiner Bierflasche. „Darf ich mitkommen?"

Anstelle einer Antwort verzog Opa Gustav bloß das Gesicht.

„Warum nicht?", fragte ich enttäuscht. Mein Opa kniff den Mund zu einem dünnen Strich zusammen.

„Nun sag schon! Warum willst du nicht, dass ich mitkomme?"

„Deine Mutter", knurrte er, ohne mich dabei anzusehen.

„Was ist mit ihr?"

„Sie hat was gegen meine Freunde."

„Wieso?"

„Was weiß ich?", murmelte mein Opa vage.

„Nun sag schon", bat ich ungeduldig und streichelte Hardy, der es sich zu meinen Füßen bequem gemacht hatte. „Ich will wissen, was los ist."

Mein Großvater trank sein Bier aus. Und ich meins.

„Sie mag Wilfrieds Ansichten nicht. Dabei ist Wilfried in Ordnung. Hundertprozentig. Das kannst du mir glauben."

„Das tu ich."

„Er ist derselbe Jahrgang wie ich."

„1922."

„Allerdings. Du weißt ja, wir kennen uns seit dem Krieg. Wir waren Kameraden. Und das sind wir immer noch. Kameraden, meine ich."

„Lass uns doch einfach gehen, Opa!"

„Nach Wilhelmsburg?"

„Ja."

Wir gingen los, zu Wilfried, durch die Mittagshitze. Mein Opa lief langsam wie eine Schnecke. Er hatte eine Kriegsverletzung, einen Granatsplitter in der Hüfte. Ein Stück fuhren wir mit der Straßenbahn. Ich fühlte mich immer noch wohl mit meinem Großvater. Er machte nicht so viele Worte und behandelte mich nicht dauernd wie ein Kleinkind.

Es war lustig bei Wilfried. Ich war überrascht, dass ein paar junge Leute da waren. Nicht bloß alte Kameraden. Meiner Mutter erzählte ich nichts von diesem Nachmittag.

4

Montagmorgen. 7:30 Uhr. Die Sommerferien waren vorbei.

Seufzend machte ich mich für die Schule fertig. Als ich aus dem Bad kam und meine frisch geschnittenen Haare mit einem Handtuch trockenrubbelte, sagte meine Mutter: „Dir kann man es auch nie recht machen. In den Ferien hast du gejammert, weil dir langweilig ist. Und jetzt jammerst du, weil die Schule wieder anfängt." Wir guckten uns ein bisschen an und ein bisschen aneinander vorbei.

„Warum hast du dir bloß die Haare so kurz schneiden lassen, Ben?"

„Warum nicht?"

„Man kann jetzt nicht mal mehr ahnen, dass du so schöne Locken hast."

„Diese doofen Locken waren das Letzte."

„Das stimmt nicht." Meine Mutter schaute mich an.

Ich zuckte mit den Achseln. „Das ist *meine* Sache", sagte ich leise.

„Du siehst aus, als wolltest du schnurstracks zur Bundeswehr."

„Gar keine schlechte Idee."

„Ben, hör auf mit dem Unsinn."

Ich stand für einen Moment stumm da und sehnte mich fast danach, wieder fünf oder sechs Jahre alt zu sein. Ich wünschte mir, wieder zur Ruhe zu kommen. All diese Knoten in mir und die vielen verdrehten Gefühle sollten sich einfach nur auflösen ... Und ich wollte Freiheit!

Gereizt machte ich mich aus dem Staub.

Pünktlich zum ersten Schultag regnete es. Das passte zu meiner trüben Stimmung. Ich wanderte also durch kleine, schmutzige Pfützen und hatte Weltschmerz. Ich wusste nicht, was ich wollte und wohin ich gehörte. Am Schultor traf ich auf Lene und schaffte es, kein Herzklopfen zu kriegen. Aber nicht mal das erfüllte mich mit Genugtuung. Es machte mich eher noch leerer und trostloser, als ich mich sowieso schon fühlte.

„Hi, Ben."

„Hallo, Lene."

„Du warst letztens im Schwimmbad, stimmt's?"

„Ja. Ist das vielleicht verboten?"

Lene lächelte mir zu. „Natürlich nicht! Aber ich hab dich erst gesehen, als du wie ein Granitblock ins tiefe Becken geknallt bist." Ich schaute an ihr vorbei auf die große, graue Fläche des Schulhofs. Lene kam einen kleinen Schritt auf mich zu. Und dann noch einen.

Ich wich zurück und hielt mich an den Riemen meines Rucksacks fest.

„Du, ich ... ich bin übrigens nicht mehr mit Sven zusammen", sagte Lene plötzlich leise und unvermittelt.

Meine Knie wurden weich. „Vielleicht können wir ja mal wieder was machen", fügte sie hinzu. Als ich nicht gleich antwortete, sagte sie schnell: „Oder ich mach was mit Sam. Der wollte eh mit mir ins Kino."

Sprachlos starrte ich Lene an. Warum sagte sie das? Begriff sie gar nichts? Wie konnte man nur gleichzeitig so hübsch und so gemein sein? Ich drehte mich abrupt um und lief davon.

Statt in die Schule ging ich in den Stadtpark und warf mich dort ins Gras. Bis zum Mittag lag ich am Rand des kleinen Baches und beobachtete durch das Blätterdach einer Eiche die Wolken.

Ich war ein Grashalm, das war es! Ein stinknormaler Grashalm, während Sven und Sam teure Blumen aus dem Blumenladen waren, Orchideen oder so. Aber ich, ich war nichts als ein Grashalm, der darauf wartete, gepflückt und in ein Glas Wasser gestellt zu werden. Und wer pflückt schon einen Grashalm?

Zu Hause machte ich den Fernseher an und ließ ihn laufen, den ganzen Nachmittag lang. Meine Beine lagen auf dem Couchtisch. Die Rollläden hatte ich bis zum Anschlag heruntergelassen. Ich fühlte mich wie in einer Gruft.

Wie hatten die Leute das früher nur ausgehalten ohne Fernsehen? Dank unserer Satellitenschüssel konnten wir über 30 Programme empfangen. Ich zappte zwischen zwei Krimiserien, MTV, einer Talkshow, drei Sportsendern und einer bekloppten Verkaufsshow hin und her.

Um fünf kam Lennart nach Hause. Laut, quengelig und nervtötend – wie immer.

„Ich will Playstation spielen", schimpfte er und griff nach der Fernbedienung.

„Verschwinde, blöde Nervensäge", zischte ich ihn an.

„Du kannst mir gar nichts befehlen", sagte er und klemmte sich neben mich aufs Sofa. Ich machte einen jähen Satz – und er flüchtete quietschend, die Fernbedienung allerdings fest in seinen Händen.

Ich vergaß meinen kleinen Bruder und döste müde vor mich hin.

Aber keine fünf Minuten später kam Lennart wieder. Er hatte das Foto von Lene dabei, das ich letztes Jahr an meine Pinnwand geheftet hatte – und zerriss es vor meinen Augen in zwei Hälften. „Ohhh, wie schöööön ist Lene Sommer!", flötete er und grinste. „Aber das blöde Foto brauchst du wirklich nicht mehr. Ich hab sie nämlich eben im Stadtpark gesehen, zusammen mit Sam Rosenberg."

„Das ist eine Lüge!", rief ich erschrocken.

„Ist es nicht! Und die beiden haben soooo geknutscht." Lennart wedelte mit den Bilderhälften vor meinen Augen herum und hauchte eine Menge Küsse in die Wohnzimmerluft.

„Halt die Klappe! Du weißt ja gar nicht, was du da redest", fauchte ich böse und schlug nach ihm.

„Weiß ich wohl!", schrie Lennart. „Und es ist alles wahr! Sie haben da gelegen, auf der Wiese, und sich abgeknutscht."

„Halt den Mund!", schrie ich und drosch auf Lennart ein.

„Geknutscht, geknutscht, geknutscht", wiederholte er und trat nach mir. Wir schlugen aufeinander ein, bis es

Lennart zu viel wurde und er die Flucht ergriff. Außer Atem vor Wut blieb ich zurück.

Lene und dieser abscheuliche Sam Rosenberg … Ich wollte nicht glauben, was Lennart mir erzählt hatte.

5

Auch die restliche Woche fühlte ich mich schlecht. Warum hatte ich nie Glück? Was war das für ein Leben? In was für eine Welt war ich nur hineingeboren?

Am nächsten Montag schrieben wir eine Mathearbeit, die der totale Reinfall wurde. Verzweifelt starrte ich auf mein Arbeitsblatt und verstand kein Wort: Sinus, Kosinus, Tangens und Kotangens ... Die Kurven und Formeln tanzten vor meinen Augen und ergaben keinen Sinn.

Jetzt hätte ich die Hilfe von Moritz, dem Mathegenie, gut brauchen können. Aber der saß in diesem Schuljahr nicht mehr neben mir. Nach den Ferien hatte er sich im neuen Klassenraum auf den Platz neben Sam gesetzt. Zum ersten Mal war der Stuhl neben mir leer geblieben. Warum, das war mir selbst ein Rätsel. Noch vor einem Jahr war ich zum Klassensprecher gewählt worden – und jetzt wollte keiner neben mir sitzen.

In den nächsten Tagen hockte ich düster an meinem Einzeltisch und starrte meist missmutig vor mich hin. *Mist* ritzte ich mit dem Zirkel in die Tischplatte. Und: *Scheißleben*. Und: *I Don't Like Mondays*.

Frau Zang, unsere Mathelehrerin, wurde ziemlich sauer, als sie mein Werk entdeckte. Es gab einen Riesenkrach. Aber das war mir egal. Im Grunde machte es mir sogar Spaß, sie zu reizen.

„Deine Eltern werden den Tisch bezahlen müssen", schimpfte sie und bekam vor Aufregung rote Flecken im Gesicht, die bis zu ihrer hohen Stirn hinaufwanderten.

„Na, wenn schon", murmelte ich gleichgültig und kippelte mit meinem Stuhl.

„Am besten, ich spreche gleich mal mit deiner Mutter", fügte sie verärgert hinzu und rieb nervös ihre fleckige Stirn. Ihre Fingernägel hinterließen helle Kratzspuren und ihr Gesicht ähnelte allmählich einer Landkarte.

„Bestens", sagte ich und meine Stimme klang ebenfalls verärgert. Die anderen in meiner Klasse starrten mich verwundert an. Ich drehte ihnen den Rücken zu und schaute aus dem Fenster. Die Birke vor dem Fenster hatte von der Hitze der vergangenen Wochen ganz trockene Blätter. Bald werden sie sich gelb verfärben, dachte ich. Schön wird das aussehen! Ich heftete meinen Blick fest auf das Laub und fühlte mich ein bisschen leichter.

Am Mittwochnachmittag war wie immer Bandprobe in den Kellerräumen unserer Schule. Ich war mir eine ganze Weile nicht schlüssig, ob ich hingehen sollte, aber schließlich raffte ich mich doch auf. Im Bus traf ich Kalli.

„Hi, Ben!"

„Hallo, Kalli!"

Wir setzten uns nebeneinander in die letzte Reihe. Meinen alten Gitarrenkoffer klemmte ich zwischen meine Knie.

Kalli hieß eigentlich Karl-Heinz. Im Grunde genommen mochte ich ihn. Er hatte noch nie eine feste Freundin gehabt und schien an Mädchen auch nicht besonders interessiert zu sein. Lieber redete er über seine neue Spiegelreflex-Digitalkamera und seine Wochenenden im Wald, wo er ab und zu übernachtete, um Tiere und Bäume zu fotografieren. Er wollte später einmal Profifotograf werden. Kalli musste auch nicht dauernd reden. Man konnte still neben ihm sitzen und sich wohlfühlen. Kalli hatte viele Träume. Visionen von einer besseren Welt und so. Im nächsten Sommer wollte er mit seinem Vater nach Bukarest reisen. Sein Vater stammte aus Rumänien und die beiden wollten in den Ferien an einem Projekt für Straßenkinder mitarbeiten.

Kalli und ich schwiegen einträchtig und blickten vor uns hin. In diesem Moment hätte ich ihn gern zum Freund gehabt. „Sollen wir nachher noch was zusammen machen?", fragte ich schließlich.

„Okay, gute Idee", antwortete Kalli freundlich und lächelte in meine Richtung. Ich lächelte zurück.

„Was hast du eigentlich mit deinen Haaren gemacht?", fragte Kalli. „Sieht aus, als wärst du untern Rasenmäher gekommen …"

Ich zuckte mit den Achseln und murmelte: „Ich finde es halt besser so."

„Mmmhh", machte Kalli und ließ mich wieder in Ruhe.

Im Proberaum war schon wieder die Hölle los, wie üblich am Mittwoch.

Moritz saß am Keyboard und überspielte Songs von seinem MP3-Player und Daniels Freundin Sarah war dabei, seine Gitarre zu stimmen. Daniel sah allerdings nicht so aus, als würde er in absehbarer Zeit Lust zum Proben haben. Er lehnte müde an einer Lautsprecherbox und rauchte. Sven war auch da und sah gereizt zu Daniel hinüber.

Ich wanderte ziellos durch den dämmrigen Raum, und schließlich, als ich es nicht mehr aushielt, floh ich nach draußen.

Unser Proberaum war eng, trostlos und miefig. Er bot absolut keinen Raum zum Träumen. Und nach Träumen war mir in der letzten Zeit dauernd zumute. Aber zum Träumen brauchte ich einen Wald. Einen richtigen Wald. Nicht den winzigen Stadtwald, durch den ich mit Lene ein paarmal gewandert war.

Unschlüssig stand ich auf dem Gehweg herum. Ein Baum auf der gegenüberliegenden Straßenseite bewegte sich im Wind. Ein schiefer, kümmerlicher Baum. Er sah krank aus, großstadtluftkrank. In meinem Traumwald kamen solche Bäume mit Sicherheit nicht vor. Aber einen anderen Baum gab es hier nicht. Ich ließ meine Augen die ganze Straße entlangwandern. Erst nach links. Und dann nach rechts. Überall baumlose Gehwege.

Ich beeilte mich die befahrene Straße zu überqueren und legte meine Hand auf die trockene Rinde des dünnen, kranken Baumes. Hallo, du arme Kreatur, ging es mir durch den Kopf. Ich würde dich ja mitnehmen, in meinen Traumwald, meine ich. Aber es gibt ihn wohl gar nicht. Wenigstens weiß ich nicht, wo er liegen könnte …

Genau in diesem Moment tauchte ein Fahrrad auf. Es bremste scharf und hielt neben mir. Sam! Er stieg von seinem edlen Mountainbike und grinste mir zu.

„Hallo, Big Ben. Was treibst du da? Führst du grade Zwiesprache mit dem Baum oder so? Tu dir keinen Zwang an, Mann! Meine Oma redet auch immer mit ihrer Yuccapalme."

„Blödsinn!", fuhr ich ihn an, trat gegen den dünnen Baumstamm und ließ Sam einfach stehen.

Wir machten dann doch noch Musik. Sven probierte unseren neuesten Rap aus und ich spielte auf meiner alten E-Gitarre. Daniel hatte sich zusammengerissen und machte auch mit. Er war nicht nur unser Bass-Gitarrist, er spielte auch Saxofon.

Sarah saß im Schneidersitz in einem alten, bunten 70er-Jahre-Sessel und wippte mit dem linken Fuß. Sarah war sehr hübsch und selbstbewusst. So selbstbewusst, dass ich gar nicht erst auf die Idee gekommen wäre, mich in sie zu verlieben.

Kalli bearbeitete sein Schlagzeug mit seinen berühmt-berüchtigten Soloeinlagen. Während wir probten, lächelten wir uns zwischendurch zu und ich fühlte mich gut. Irgendwann drehte ich mich zu Sam um. Er spielte versunken ein Solo auf Daniels Saxofon. Und zu seinen Füßen saß – Lene! Ich hatte nicht einmal mitbekommen, dass sie gekommen war. Mir wurde schwindelig vor Schreck.

Ich atmete tief durch und ließ meine E-Gitarre aufheulen, ein paarmal hintereinander, schrill und disharmonisch. Kalli warf mir einen vergnügten Blick zu. „Nicht schlecht, Big Ben!", rief er anerkennend und lächelte. Ich lächelte verbissen zurück und mein Herz schlug so heftig, dass es fast wehtat.

„Es wird kälter", meinte Kalli, als wir eine Weile später verschwitzt ins Freie traten. „Bald wird es Herbst!" Er sah sehr zufrieden aus. „Ich mag den Herbst", sagte er nachdenklich. Wir liefen nebeneinander die Straße entlang.

„Ich mag den Herbst auch", behauptete ich.

Kalli trat mit einem Fuß auf den Bordstein und hüpfte schräg neben mir her. Es wehte ein heftiger Wind.

Auf seinem schwarzen Mountainbike überholte uns Sam. Er winkte und rief etwas, das wir beide nicht verstanden. Da erst sah ich es! Lene klemmte hinter Sam auf dem Sattel und hatte ihre Arme fest um seinen Bauch geschlungen. Die beiden winkten uns noch kurz zu und verschwanden dann in der nächsten Querstraße.

Ich schluckte und beschloss, die Erinnerung an die Lakritzschnecken vom Vorjahr endgültig zu begraben – weit, weit hinten in meinem Gehirn. Ich wollte nicht mehr an Lene denken müssen. Aus und vorbei. Aus und vorbei. Es war aus und vorbei!

Kalli und ich wanderten stadteinwärts und fröstelten ein bisschen.

„Magst du ins *Mensch verlässt Erde* mitkommen?", fragte Kalli.

„Was ist denn das?"

Kalli grinste und fuhr sich durch die dunklen Haare. „Eine schräge, verrückte Kneipe. Für die paar schrägen, verrückten Leute, die es noch gibt."

„Ich weiß nicht", sagte ich skeptisch.

„Es ist echt witzig da. Lauter nette, abgedrehte Vögel. Die letzten Freaks, die es in unserer Stadt noch aushalten."

„Also gut", nickte ich und wir gingen wir ins *Mensch verlässt Erde*.

Diese Kneipe wäre was für meine Mutter gewesen. Ein DJ mit Rastalocken legte lauter 80er-Jahre-Musik auf: Punk und Weltrevolution und Liedermacher, den ganzen Blödsinn eben. Zwischendurch auch Neue Deutsche Welle wie Nena und so – oder Herbert Grönemeyer.

Wir bestellten Apfelsaft und knabberten Bratkartoffeln, angebrannte Bratkartoffeln. Kalli holte seine Kamera heraus und schoss ein paar verrückte Bilder: den Tresen, die frisch gespülten, noch schaumigen Gläser und das Männerklo. Die Jugendlichen am Stammtisch, die das Brettspiel *Wer wird Millionär?* spielten, inspirierten ihn ebenfalls – und zum Schluss ich, Nägel kauend vor meinem Apfelsaft.

„He, lass das!", wehrte ich verlegen ab.

„Warum?", grinste Kalli und schaute sich die Aufnahmen auf dem Display an.

„Ich mag das nicht."

„Was magst du nicht, Big Ben?"

„Wenn mich einer fotografiert."

Kalli lächelte verständnislos, packte aber seinen Fotoapparat weg. „Wie fandest du die Probe heute?", erkundigte er sich nach einer Weile.

„Ach, ich weiß nicht. Ich mach vielleicht nicht mehr lange mit."

„Warum das denn nicht?"

„Ich hab keine Lust mehr auf die Leute und den Raum und immer dieselbe Musik – und das alles eben."

„Du spinnst", sagte Kalli.

„Ich spinne nicht", gab ich gereizt zurück.

„Sorry, Ben. Aber es ist wegen Sam, hab ich recht? Weil er jetzt mit Lene zusammen ist."

Ich guckte in mein halbleeres Saftglas und schüttelte den Kopf.

„Kennst du eigentlich Pia?", fragte Kalli und wanderte, bevor ich antworten konnte, zum Pistazienautomaten davon. Mit vollen Händen kam er gleich darauf zurück und teilte die staubigen Kerne in zwei gleich große Portionen. „Da! Lass es dir schmecken."

„Wer ist Pia?", fragte ich und knackte eine Pistazie.

„Ein Mädchen aus Hagen. Daniel kennt sie von irgendwoher."

„Aha", sagte ich ohne großes Interesse.

„Sie will in unserer Band mitmachen."

Ich hob den Kopf. „Was spielt sie denn? Ich meine, wir sind doch komplett, oder?"

„Sie will singen", erklärte Kalli. „Als zweite Stimme, Background."

Ich war verblüfft und versuchte mir Sven mit einer Backgroundsängerin vorzustellen. Ein komischer Gedanke.

„Ist das nicht ein bisschen übertrieben?"

„Och, ich finde die Idee nicht übel." Kalli baute ein windschiefes Bierdeckelhaus. Ich schaute ihm schweigend und angespannt zu. Was war nur los mit mir in letzter Zeit? Ich lehnte mich auf meinem Stuhl zurück und versuchte mich zu entspannen. Aber die Unruhe blieb.

Als wir schließlich aufbrachen, polterten ein paar Punks herein. Sie grölten und einer rempelte mich im Vorbeigehen an.

„Kannst du nicht aufpassen?", fuhr ich ihn an.

Der Punk schwenkte eine Alkopopflasche vor meiner Nase herum. „Keep cool, Kleiner." Er lachte und stieß mir seinen Zeigefinger vor die Brust. Auf seiner Schulter hockte eine eklige Ratte.

Ich zuckte zusammen. Ratten waren mir zuwider. Und dieser Punk war mir ebenfalls zuwider. „Idiot", murmelte ich.

Erst als ich zu Hause ankam, fiel mir wieder ein, wo ich diesem Typen schon mal begegnet war: Der Kneipen-Punk mit der fiesen Ratte war der Brunnen-Punk vom Goetheplatz.

6

Ich war im Stadtpark, allein. Ich war in letzter Zeit dauernd allein. Und dauernd im Park. Es war kühl geworden und roch nach Herbst. Ich mochte nicht, wenn es nach Herbst roch.

Es war dämmrig und in der Dämmerung war eine ganz andere Stimmung im Park als tagsüber. Ich wanderte zum kleinen See und setzte mich auf den äußersten Rand eines Steges. Aus meiner Jackentasche fischte ich meinen MP3-Player und stöpselte mir die Ohren zu. Dabei guckte ich über den düsteren See hinweg und zog meine Jacke enger um mich.

Dann musste ich ganz plötzlich weinen. Ich wusste nicht mal, warum, es passierte einfach. Ich weinte und weinte – und konnte lange nicht mehr damit aufhören.

Zu Hause verkroch ich mich in Jeans und Jacke in mein Bett und schlief komplett angezogen ein. Ich träumte lauter komisches Zeug. Wirre Sachen, die ich nicht behalten und schon gar nicht begreifen konnte. Bloß ein kurzer Moment blieb mir im Gedächtnis: Zusammen mit dem amerikanischen Präsidenten zog ich in einen

Krieg. Sam war der Erste, den ich niederschoss. Der amerikanische Präsident lachte darüber und nannte mich „Kamerad".

Schweißgebadet und völlig erschöpft wachte ich am Morgen auf. Meine Mutter schrieb mir eine Entschuldigung für die Schule. Ich blieb, wo ich war: im Bett. Meine Mutter kaufte mir ein *Computer-Mastermind* für mein Notebook. Und drei Schachteln Cornflakes. Ich liebe Cornflakes.

Am Abend rief mein Vater an und kündigte für das Wochenende seinen Besuch an. Ich war zwar gereizt, tat aber so, als ob ich mich freuen würde. Was war ich doch für ein feiger Hund!

Ich hatte immer noch Halsschmerzen. Und Kopfweh. Und watteweiche Knochen mit Zitterarmen und Puddingbeinen. Dabei war ich doch gar nicht erkältet. Aber ich fühlte mich krank und begriff selbst nicht, was los war.

Meine Mutter schaute zur Tür herein und fragte: „Hast du Kummer?"

„Nein", murmelte ich.

„Du bist in letzter Zeit so viel allein."

„Na und?"

„Hast du dich mit den anderen gestritten?"

„Nein."

„Warum triffst du dich nicht mehr mit Sven, so wie früher?"

„Weil Sven mir zum Hals raushängt."

Meine Mutter ging mir auf die Nerven. Warum stellte sie mir wasserfallartig Fragen? Dauernd wollte sie in meinem Seelenleben herumwühlen, nie ließ sie mich in Ruhe.

„Lass mich in Ruhe, Mama." Meine Mutter seufzte, aber sie ließ mich tatsächlich allein.

Ich überstand den Besuch meines Vaters. Er brachte mir ein Buch von Hermann Hesse mit: *Der Steppenwolf.* Er liebte Hesse. Es machte ihn sehr traurig, dass ich kein Bücherwurm war, genauso wenig wie Lennart. Dem brachte er *Sophies Welt* von Jostein Gaarder mit. Lennart bedankte sich knapp und wandte sich sofort wieder seiner Playstation zu.

Mein Vater redete zu viel. Auch er versuchte, in meinem Seelenleben herumzustochern. Ich ignorierte seine Fragen, so gut ich konnte. Da ging er irgendwann rüber ins Wohnzimmer und stritt dort mit meiner Mutter herum. Kurze Zeit später verabschiedete er sich, ohne einen neuen Termin für ein Treffen mit uns abzumachen.

Mein Opa Gustav kam am Sonntag vorbei, nach einer seiner Versammlungen in Krellsrath. Er brachte seinen Kameraden Wilfried mit. Meine Mutter und Lennart machten gerade eine Fahrradtour. Die Luft war also rein.

„Bloß auf ein Minütchen", brummte Opa Gustav und schlich an mein Krankenbett, als befürchtete er, meine Mutter lauere in einem verborgenen Winkel meines Zimmers. Wilfried folgte ihm und winkte mir zu. „Grüß dich, Bursche", sagte er freundlich.

Ich hockte in T-Shirt und Unterhose und mit einem Halswickel im Bett, meine Haare waren seit Tagen ungewaschen. Mein Aufzug war mir ein bisschen peinlich.

Mein Großvater roch nach Zigarrenqualm und Wilfried nach Bier. Sie blieben wirklich nicht lange. Aber sie ließen mir die Monatszeitschrift ihrer Vereinigung da. Damit meine Mutter sie nicht fand, schob ich sie vorsorglich unter meine Matratze.

Als die beiden gegangen waren, öffnete ich mein Fenster, ließ frische Luft herein und beschloss, wieder gesund zu sein. Ich ging ins Badezimmer, um mir ein Bad einlaufen zu lassen. Dann futterte ich mich quer durch den Kühlschrank.

7

Die Woche begann gut.

Als ich am Montagmorgen in den Klassenraum kam und mich auf meinen Stuhl plumpsen ließ, um, wie jeden Morgen vor dem Klingeln, aus dem Fenster in den Himmel zu schauen, merkte ich, dass ich nicht länger allein saß: Ein fremder Junge hatte sich neben mir ausgebreitet. Er hatte kurze, blonde Stoppelhaare und lächelte mir herausfordernd zu.

„Hallo", sagte ich verwirrt.

„Tag!", antwortete der Junge und kaute an seinem Kugelschreiber.

„Bist du neu bei uns? Ich meine: Gehst du in unsere Klasse?"

„Ja."

Ich lächelte. „Okay."

Wir schüttelten uns die Hände. Zu viel mehr kamen wir nicht, denn es klingelte, und unser Englischlehrer, Herr Swarovsky, betrat den Raum. Im Unterricht lieh ich dem Neuen zweimal meinen Radiergummi. Und einmal gab ich ihm ein herausgerissenes Blatt aus meinem Vokabelheft.

„Ich heiße Ben", flüsterte ich, während wir ein paar Sätze mit *to be* von der Tafel abschrieben.

„Aha", antwortete mein neuer Nachbar, ohne die Stimme zu senken.

„Wie heißt du?", flüsterte ich.

„Monster."

Herr Swarovsky warf einen warnenden Blick in unsere Richtung.

„Wie heißt du?", flüsterte ich ungläubig.

Der Neue seufzte lächelnd. „Lauritz Bergmann heiße ich", sagte er schließlich, ohne den Kugelschreiber zwischen seinen Zähnen hervorzuholen.

„Ruhe da hinten!", rief Herr Swarovsky und schaute verärgert in unsere Richtung.

„Ay, ay, Sir", murmelte Lauritz und zog eine Grimasse.

Wir lächelten uns noch einmal zu, dann vertiefte ich mich wieder in Sätze mit und ohne *to be*.

Lauritz schien es darauf anzulegen, mit der gesamten Lehrerschaft Streit zu bekommen.

Nach der Englischstunde hatten wir Biologie. Frau Dr. Grün, unsere Biologielehrerin in diesem Schuljahr, war eigentlich recht friedfertig. Sie hatte einen bemerkenswerten Busen, groß und schwer, ich musste ihn dauernd anschauen. Sie lächelte viel und war immer freundlich und entgegenkommend. Sie verlangte nicht viel und legte keinen rein. Es war mir noch nie passiert, dass sie mich drannahm, wenn ihr klar war, dass ich gerade mit meinen Gedanken woanders war als beim Aufbau von Chlorophyll oder so was.

Aber Lauritz benahm sich mies. Er kritzelte in seinem Biobuch herum und schmierte mit einem dicken schwarzen Filzstift auf seinen Tisch.

„Lauritz, bitte …", sagte Frau Grün ein paarmal. Dazu machte sie ein freundliches Gesicht. Das schien Lauritz aber noch mehr zu ärgern.

„Von Weibern lasse ich mir nichts sagen", knurrte er halblaut in meine Richtung. Ich schwieg dazu.

„Weiber sollten überhaupt nicht unterrichten dürfen. Hab ich recht?"

Ich starrte an die Tafel, auf den kreidigen Querschnitt durch ein menschliches Herz.

Lauritz stieß mir seinen Ellbogen in die Rippen.

„He!", brummte ich genervt.

Lauritz zwinkerte mir lächelnd zu. „Die Gute hat ja echt enorme Titten", sagte er und wölbte seine großen Hände vor dem Brustkorb zu zwei Riesenhügeln. Ich musste gegen meinen Willen lachen. Schließlich mochte ich Frau Grün doch im Grunde. Lauritz lachte ebenfalls und zeichnete einen riesigen Busen mitten in mein Bioheft. Frau Grün sah es und kam an unseren Tisch. Sie sah angestrengt aus. Und sie entdeckte natürlich sofort den Riesenbusen in meinem Heft. Gleich neben den abgezeichneten Herzkranzgefäßen.

„Verdammt, Ben!", entfuhr es ihr. „Was soll das?" Sie musste ihren Busen wiedererkannt haben. Lauritz sagte nichts. Da schwieg ich ebenfalls. Frau Grün ging schließlich zur Tafel zurück und beachtete uns nicht weiter. Ich fühlte mich miserabel. Aber Lauritz grinste ungerührt und malte in sein eigenes Heft noch ein Dutzend Busengemälde. Anstelle der Herzskizzen.

Nach dem Pausenklingeln rief uns Frau Grün nach vorn, Lauritz und mich. Mein neuer Sitznachbar schlenderte aufreizend langsam zum Pult. Er lächelte leicht. Ich stand da, guckte auf den Boden und fühlte mich unwohl.

„Lauritz", sagte Frau Grün und räumte dabei ihre Unterlagen in ihre Tasche. „Du bist neu bei uns und …"

„Muss ich deshalb die Arschbacken zusammenkneifen? Weil ich neu bin?", fauchte er sofort.

Frau Grün lächelte nachsichtig. „Natürlich nicht, Lauritz", sagte sie freundlich.

„Na also", brummte er achselzuckend.

„Aber denk an den Ärger in deiner alten Schule."

„Scheiß drauf."

Frau Grün wollte nach seinem Arm greifen, aber Lauritz wich zurück. „Fassen Sie mich nicht an!", rief er gereizt. Dann hielt er ihr seinen ausgestreckten Mittelfinger entgegen, drehte sich wortlos um und schlenderte davon. Ich stand noch einen Moment ratlos am Pult. Frau Grün ging es wohl nicht besser. Jedenfalls richtete sie an mich kein Wort. Da ging ich ebenfalls.

Im Sportunterricht stritt Lauritz sich mit Herrn Jakob, unserem neuen Lehrer, und in der Theater-AG machte er gar nicht erst mit. Er warf einen verächtlichen Blick auf unser selbst gemaltes Bühnenbild und machte sich aus dem Staub.

Am Dienstagmorgen war mir ein bisschen unwohl, mich wieder neben Lauritz setzen zu müssen. Ich schob mich auf meinen Platz und starrte aus dem Fenster, ohne ihn zu grüßen. Die Sonne warf fahles, silbriggraues Licht durch die schmutzige Fensterscheibe.

„He, Ben", hörte ich da Lauritz' Stimme hinter mir. Ich drehte mich um. Mein neuer Sitznachbar lächelte mir zu.

Ich überdachte meine Situation. Lene saß jetzt am anderen Ende des Klassenraumes neben Sam, den ich doch eigentlich zusammen mit dem amerikanischen Präsidenten umgenietet hatte, und rieb ihre Schläfe an Sams Schulter. Sven war nicht mehr mein Freund und Moritz auch nicht mehr. Die anderen waren mir alle egal. Einen Freund wie Lauritz konnte ich im Grunde gut gebrauchen. Er war kein Arschkriecher, kein feiner Pinkel. Und er machte den Mund auf, wenn ihm etwas gegen den Strich ging.

Ich beschloss, es mit ihm zu versuchen. Also lächelte ich zurück und malte mir dabei aus, was meine Mutter von so einem wie ihm wohl halten würde.

Am Mittwoch war nachmittags Bandprobe, wie immer. Auch diesmal traf ich Kalli im Bus. Schweigsam saßen wir nebeneinander und schweigsam wanderten wir schließlich nebeneinander her zum Proberaum. Erst kurz vor dem Ziel machte Kalli den Mund auf. „Sag mal …", begann er zögernd.

„Was?"

„Sam meinte, du hast einen guten Draht zu dem neuen Typ in eurer Klasse?"

„Und wenn?" Ich blieb stehen, Kalli ebenfalls.

„Der ist wohl ein bisschen schräg drauf, der Typ, hm?", fragte Kalli vorsichtig.

„Wieso?", gab ich verärgert zurück.

„Na ja." Kalli zog diese Worte bedeutungsvoll in die Länge.

„Ich denke, du magst schräge Typen", sagte ich ungehalten. „Oder müssen die immer Rastalocken haben und Schlabberhemden tragen?" Ich fühlte mich schlagfertig und war zufrieden mit mir. Schweigend gingen wir weiter.

Als wir ankamen, saßen die anderen in einer dämmrigen Ecke des Kellers und steckten die Köpfe zusammen. Sven hockte im Schneidersitz auf einem Klappstuhl neben Sam. Das sah nicht so aus, als ob er darüber sauer wäre, dass Sam jetzt mit Lene zusammen war. Lene hockte mit hochgezogenen Knien im gepunkteten Sessel und lauschte dem Gespräch der anderen. Daniel saß zufrieden neben einem Mädchen, das ich vorher noch nie gesehen hatte.

Langsam schob ich mich näher. Verdammt, wie verklemmt und schüchtern ich dauernd war! Das Mädchen hatte die blondesten Haare, die ich je gesehen hatte. Lene lächelte mir zu, aber ich sah an ihr vorbei und quetschte mich neben Daniel. Das fremde Mädchen drehte sich zu mir um. Sie musterte mich von oben bis unten. Dann schenkte sie mir ein kurzes Lächeln. Ich spürte, dass ich rot wurde. Zum Glück bemerkte es keiner.

„Wer bist du denn?", fragte sie.

„Ich bin …", begann ich nervös.

„Das ist unsere ramponierte E-Gitarre", übertönte mich Daniel.

„Blödsinn, ich bin Ben", sagte ich und wischte mir die feuchten Hände an meiner Jeans ab.

„Ich bin Pia", sagte das Mädchen.

„Pia will vielleicht bei uns mitmachen", erklärte Daniel und lächelte Pia an. Sarah runzelte die Stirn, aber sie sagte nichts. Sie hockte bloß still da und beobachtete Pia mit zusammengekniffenen Lippen.

„Pia kann echt gut singen. Sie war schon mal bei einem großen Casting in Köln in der engeren Auswahl", sagte Daniel und legte seine Hand auf Pias Oberschenkel. Da blieb sie dann liegen.

Sarahs Abgang ließ nicht lange auf sich warten. Hinter ihr krachte die Tür ins Schloss.

„Schätze, die bist du los, Dan", stellte Kalli trocken fest.

Daniel zuckte scheinbar gleichgültig mit den Achseln. Aber ein bisschen beunruhigt sah er dabei schon aus. Pia rutschte vom Sessel und Daniel zog seine Hand zurück.

„Bist du denn überhaupt schon mal aufgetreten?", erkundigte sich Sam in diesem Moment skeptisch. „Ich meine, außer bei diesem Casting-Zeug?"

„Ja", sagte Pia und strich sich die hellen Haare aus der Stirn.

„In einer Band?"

„Ja."

„In welcher?"

Pia gab eine Antwort, die ich nicht verstand, und nahm sich das Mikrofon. Ob Sam den Namen der Band verstanden hatte, weiß ich nicht genau. Jedenfalls wirkte er plötzlich ziemlich ungehalten und kratzte sich nervös am Kopf. Ich beobachtete ihn verwundert. Irgendetwas stimmte hier nicht. Aber Sam fing sich wieder.

Endlich begannen wir zu proben. Pia sang mit heller Stimme ein paar Songs aus den aktuellen Charts an. Es klang nicht schlecht. Daniel guckte, zufrieden mit seiner Empfehlung, in die Runde. Moritz lächelte dauernd in Pias Richtung. Kalli war zurückhaltend. Aber das war er ja immer bei Mädchen. Sam behielt den ganzen Nachmittag diesen eigenartig skeptischen Blick.

Als wir später aus dem Proberaum ins Freie traten, drückte sich Pia eilig an mir vorbei. Dabei stieß sie an meinen Gitarrenkoffer, der mir über der Schulter hing.

„Hoppla!", lachte sie und ihre blonden Haare streiften für einen winzigen Moment mein Gesicht.

„Hoppla!", entfuhr es mir gleichzeitig und wir mussten lachen. Nebeneinander verließen wir das Haus.

„Du, Pia, wollen wir vielleicht noch … ?", begann ich, doch dann wusste ich nicht weiter. Wie üblich.

„Keine Zeit, sorry!", rief Pia schon halb über die Schulter zurück und lief mit schnellen Schritten davon.

Ein dünner Nieselregen fiel vom grauen Himmel. Zum ersten Mal konnte man den beginnenden Herbst so richtig fühlen. Frierend trottete ich mit hochgezogenen Schultern die dämmrige Straße entlang. Ich wusste nicht einmal Pias Nachnamen und schon gar nicht ihre Adresse. Vielleicht war sie ja mit einem anderen Jungen zusammen. Jedenfalls hatte sie einen ganz süßen, kleinen Zuckerhutbusen. Ganz anders als der runde von Lene. Der war nicht länger interessant für mich.

8

Ich lag in meinem Zimmer auf dem Bett und starrte an die Decke. Schatten von der nahen Straße huschten darüber.

Pia. Ihr Gesicht war schmal … Mist! Nicht einmal ihre Augenfarbe hatte ich mir gemerkt. Bloß ihre kleine Stupsnase sah ich deutlich vor mir. Vielleicht konnte ich ihr Gesicht ja malen? Wie eine Rakete schoss ich hoch und kramte in meinen Schulsachen nach Bleistift und Papier.

„Was machst du denn grade, Ben?", rief meine Mutter neugierig aus dem Wohnzimmer herüber.

„Hausaufgaben", knurrte ich und schloss meine Zimmertür mit einem Fußtritt.

Ich begann mit Pias Profil. Setzte viel Energie in diese kleine Nase. Verflixt! Das war nichts! Nervös zerknüllte ich das Blatt. Ich versuchte mich an noch ungefähr hundert anderen Nasen. Dazu ihren kleinen Mund. Und hellblonde Haare. Ich begann zu schwitzen und riss mein Fenster auf.

„Bist du bald fertig, Ben?", rief meine Mutter durch die geschlossene Zimmertür. Ich reagierte nicht.

Meine Tür flog auf – mit einem lächerlich schnellen Klopfen davor. „Was machst du denn so lange?", forschte meine Mutter und warf einen interessierten Blick auf meine misslungenen Zeichnungen. Ich wurde rot und murmelte hastig etwas von Kunst-Hausaufgaben. Aber meine Mutter war natürlich nicht von vorgestern. Sie lächelte gönnerhaft nach dem Motto „Mir kannst du doch nichts vormachen!" und ließ mich wieder allein.

„Denk aber auch an deine Englischvokabeln, junger Mann", sagte sie bloß milde und schloss die Tür. Ich schmiss die blöden Zeichnungen in den Papierkorb, legte mich aufs Bett und lernte Englischvokabeln, bis mir vor Erschöpfung das Hirn rauchte.

Im Hintergrund lief mein Fernseher: RTL, Nachmittagsprogramm. Ich machte den Schulkram immer bei laufendem Fernseher. Anders war diese blödsinnige Lernerei einfach nicht zu ertragen ...

Ich stand auf einem Dampfer. Es brannte! Von überallher züngelten gigantische Flammen auf mich zu. Der Boden unter mir glühte. Ich hatte bloß einen Schuh an. Keine Ahnung, wo der zweite geblieben war.

Meine Mutter flüchtete Hand in Hand mit Lennart zu einem nahenden Rettungshubschrauber, aus dem eine Strickleiter herabgelassen worden war. Niemand beachtete mich, obwohl ich so laut brüllte, wie ich konnte.

Schließlich gab ich auf und lehnte mich schwankend an die Reling. Ich blinzelte mühsam und hielt verzweifelt den Atem an, um den beißenden Qualm nicht länger einatmen zu müssen.

Der Pilot im Hubschrauber war Svens Vater – und sein Copilot war mein eigener Vater. Nochmals versuchte ich zu schreien. Aber ich brachte nur ein leises Krächzen hervor. Meine Mutter und Lennart kletterten nacheinander die wackelige Leiter hoch. Mein Vater ergriff ihre Hände und half ihnen hinein. Der Hubschrauber drehte noch ein paar Kreise, dann hob er sich in den schwarzen Himmel und verschwand.

Ich stolperte über das sinkende Schiff und schluchzte tonlos. Da entdeckte ich Pia. Sie lag verletzt unter einem umgestürzten Mast und streckte wimmernd ihre Arme nach mir aus. Ich schoss auf sie zu und streichelte sie tröstend. Sie wehrte sich nicht und lächelte mir unter Schmerzen zu, während das Schiff immer tiefer sank ...

9

Die folgende Woche zog sich zäh dahin. In der Schule passierte nicht viel. Lauritz stritt sich weiter mit den Lehrern. Er kassierte Ermahnungen, schlechte Noten und einen Brief an seine Eltern. Warum er in unsere Schule gewechselt war, verriet er mir nicht.

„Ist doch völlig egal, Mann", sagte er knapp, als ich ihn danach fragte. Da ließ ich ihn in Ruhe.

Wir bekamen unsere Mathearbeit zurück und ich starrte auf die erste Sechs meines Lebens. Mit flauem Gefühl im Bauch saß ich da. Dass ich schlecht in Mathe war, wusste ich. Aber dass es so schlecht stand, hatte ich nicht gewusst. Die einzige Sechs der Klasse!

„Das war keine Glanzleistung, Ben", sagte Frau Zang unzufrieden.

Ich schwieg.

„Und das schon in der allerersten Arbeit …"

„Na und?", murmelte ich finster.

„Wie wär es mit Nachhilfestunden?", fragte sie mich, als es zur Pause klingelte. Ich zuckte mit den Achseln.

„Hast du nicht früher manchmal mit Moritz gelernt?"

„Hm."

Frau Zang schnalzte nachdenklich mit der Zunge. In diesem Moment tauchte Lauritz auf und postierte sich solidarisch an meiner Seite. Ich lächelte ihm matt zu und er schnitt hinter Frau Zangs Rücken eine abfällige Grimasse.

„Du könntest auch wieder mit Yüksel lernen", überlegte Frau Zang. Yüksel stammte aus der Türkei und war eine Freundin von Lene. Sie hatte ein wunderschönes Gesicht.

Eigentlich passte sie ja hervorragend zu Moritz. Auch so ein Mathecrack! Ich verstand einfach nicht, warum manche diesen Zahlenwahnsinn kapieren – und andere nicht. Und warum musste ich immer einer von den „anderen" sein?

„Mit Yüksel?", wiederholte ich unschlüssig.

„Warum nicht? Sie hat dir doch schon ein paarmal geholfen."

In dem Moment kam Leben in Lauritz. „Was!? Er soll mit dieser Türkentussi lernen?", sagte er und verzog angewidert das Gesicht. Frau Zang zuckte zusammen. Auch ich erschrak ein wenig.

„Äh ...", begann ich.

„Lauritz, ich verbiete dir ...", sagte Frau Zang.

Aber Lauritz ließ sich nichts verbieten. Das bewies er schließlich jeden Tag. Entschlossen packte er mich am Arm. „Komm, Ben", sagte er. „Den Blödsinn hören wir uns nicht an. Wir hauen ab." Und genau das taten wir.

Wir hockten zusammen auf der kleinen Mauer in der Raucherecke.

Lauritz rauchte. Ich probierte es ebenfalls und musste husten wie verrückt. Dabei schossen mir Tränen in die

Augen. So eine Blamage! Verärgert starrte ich auf die Zigarette zwischen meinen Fingern.

„Diese Tussi hat doch echt einen Knall", regte sich Lauritz auf und nahm einen tiefen Zug.

„Wer?", fragte ich nervös.

„Na, diese Zang! Hetzt dir diese Knoblauchtürkin auf den Hals …"

„Yüksel ist …"

„Ich will es gar nicht wissen, was sie ist", schnaubte Lauritz und spuckte auf den Boden. „Oder hast du etwa was mit der?"

Ich wurde rot, rutschte von der Mauer und ging wortlos davon. Lauritz lachte laut hinter mir her.

Am Mittwoch fiel unsere Bandprobe aus. Im Proberaum hatte es am Wochenende einen Wasserschaden gegeben, als irgendein Idiot die Sprinkleranlage eingestellt hatte.

Ich hockte zu Hause in meinem Zimmer und langweilte mich. Zum Teufel, jetzt würde noch eine weitere öde Woche vergehen, bis ich Pia wiedersehen konnte. Ich versuchte noch ein paarmal sie zu zeichnen. Aber es ging jedes Mal schief. Niedergeschlagen hing ich in der Wohnung herum und wusste nichts mit mir anzufangen.

Am Donnerstag kaufte ich mir am Bahnhofskiosk ein billiges Pornoheft und verbrachte die Nacht zum Freitag damit.

Ich fühlte mich rundherum schlecht. Am Freitag fiel mir wieder die Monatszeitung vom Kameradschaftsverein meines Großvaters in die Hände, die unentdeckt unter meiner Matratze gelegen hatte. Ich las sie mit

gerunzelter Stirn. Aus reiner Langeweile fing ich an darin
herumzublättern und las mich an der einen oder anderen
Stelle fest. Gar nicht so verkehrt, was die alten Kameraden da über die Lage in unserem Land schrieben, stellte ich nach einer Weile fest. Manches davon hatte ich mir
auch schon genau so überlegt. Klar waren die vielen Ausländer daran schuld, dass wir Deutschen so viele Arbeitslose hatten. Die hockten ja auf den Stellen und arbeiteten
für so wenig Geld, dass da kein Deutscher mithalten
konnte.

Abends rief Kalli an und wollte mich überreden, mit
ihm ins *Mensch verlässt Erde* zu gehen. Aber ich lehnte ab.
Kalli ging mir auf die Nerven. Komisch, dass ich ihn mir
noch vor ein paar Wochen als Freund gewünscht hatte.

Am Samstag ging ich in die Stadt, einfach so, ohne Ziel.
Das tat ich öfter. Ich durchwanderte gelangweilt die
Handy-Shops und die DVD- und Videoabteilungen der
Kaufhäuser.

Einer Bettlerin schmiss ich ein paar Cent in die runzeligen Hände. Sie murmelte etwas. Wahrscheinlich
wollte sie sich bedanken. Für die paar Cent. Wie entwür-
digend! Ich drehte mich nochmals um und betrachtete
die Frau genauer. Eigentlich sah sie so aus wie all diese
Bettlerinnen, die man so sieht. Dunkel, zerlumpt und
alt.

Von einem Moment auf den anderen wurde ich aggressiv. All diese miesen Schmarotzer, die nur herumhingen
und nicht arbeiteten! Ich dachte an meinen Großvater
und an seinen Freund Wilfried und die Versammlung,
die ich mit ihnen besucht hatte.

„Bist du Deutsche?", fuhr ich die Frau an. Sie verstand mich nicht. Also auch noch eine Ausländerin! „Wo kommst du her, hm?", fragte ich. Die Alte blinzelte verständnislos und streckte schon wieder ihre geöffnete Hand aus.

Was hatte doch gleich in der Monatszeitschrift gestanden, die mein Opa mir mitgebracht hatte? *Deutschland wehrt sich gegen Überfremdung – Die neue deutsche Jugend wendet sich mit aller Kraft gegen die Überfremdung Deutschlands.*

Wilde Gedanken schossen mir ungeordnet durch den Kopf: *Moscheen in allen deutschen Städten – Schwule, die heiraten oder Bürgermeister werden – Türken auf dem Vormarsch, wo man auch hinschaut – Muslimische Terroristen, die die Welt in Angst und Schrecken versetzen – Zigeuner-, Polen-, Russen- und Albaner-Mafia ...*

„Du willst wohl noch mehr, was?", fragte ich schneidend.

„Jaja", nuschelte sie. „Bitte schön, junger Herr."

Da spuckte ich vor ihr auf den Boden. „Geh doch heim, du Kanakenweib."

„Nix verstehen", sagte die Frau hilflos. Aber irgendwie musste sie mich doch verstanden haben. Sie raffte ihre dürftigen Habseligkeiten zusammen und humpelte eilig davon.

Ein Mann in einem Würstchenstand trat wild gestikulierend aus seiner Bude. Ich drehte mich zu ihm um und zeigte ihm meinen ausgestreckten Mittelfinger. Ich fühlte mich sehr stark, als ich cool und locker an ihm vorüberschlenderte.

10

Am Montag hatte ich Geburtstag. Endlich war ich 16!

Meine Mutter backte zum Frühstück Waffeln und schenkte mir den üblichen Kram. Ein paar Bücher. Zwei CDs. Und bestelltes Zubehör für meinen Computer. Und ein neues Handy. Lennart überreichte mir ein komisches Spiel mit winzigen Plastikschweinen, mit denen man irgendwelche blöden Figuren erwürfeln musste. Rüssel hoch. Oder Handstand mit Ringelschwanz senkrecht. Ich nahm mir vor, es so unauffällig und so bald wie möglich wegzuschmeißen.

Mittags kam mein Vater und schleppte noch mehr Bücher an. Wir futterten höflich Torte miteinander und tranken dazu Sekt und Bitter Lemon. Aber ein Gespräch kam nicht auf. Mein Vater machte sich kurze Zeit später aus dem Staub. Wahrscheinlich hatte er wieder irgendwelche Verabredungen einzuhalten.

„Meld dich mal, Ben!", sagte er zum Abschied.

„Mach ich", antwortete ich lahm.

„Versprochen?"

„Jaja." Wir sahen uns kurz in die Augen. Zwischen uns lagen Welten.

„Wollen wir nächste Woche mal zusammen ins Kino?"

Ich hob die Schultern. „Mal sehen", murmelte ich unlustig.

„Na, überleg es dir. Ich habe jedenfalls zwei Karten besorgt."

„Was läuft denn?"

Mein Vater lächelte mir zu. „Im Programmkino laufen ein paar alte Filme von Woody Allen."

Ich schüttelte ablehnend den Kopf.

„Keine Lust?", hakte mein Vater nach.

„Nee, Woody Allen finde ich eher blöde."

Mein Vater legte enttäuscht die Stirn in Falten, zog seine Jacke an und ging. Lennart winkte zum Abschied bloß wortlos aus dem Wohnzimmer herüber.

Abends kamen Kalli und Moritz.

Meine Mutter freute sich. Sie schob uns ein paar Pizzen in den Ofen. Dann setzte sie sich eine Weile zu uns und diskutierte mit den beiden über alles Mögliche: den internationalen Terrorismus, die muslimischen Extremisten, den Kapitalismus und was-weiß-ich-nicht-alles.

Ich hockte lustlos auf dem Boden und zupfte an den Fransen meines Teppichs. Moritz hatte eine Flasche Sekt mitgebracht, die ich nach und nach in mich hineinschüttete, während meine Mutter weiter angeregt mit Kalli und Moritz sprach.

Irgendwann klingelte es. Schon ein wenig wackelig auf den Beinen ging ich zur Wohnungstür.

Draußen stand – Lauritz. „Happy Birthday, Ben", sagte er und schüttelte mir die Hand.

„Ach, hallo, Lauritz", murmelte ich überrascht.

Lauritz verzog unwillig das Gesicht. „Ich heiße Monster", verbesserte er mit einem Lächeln und schob mich einen Schritt zurück, um in die Wohnung zu gelangen. Hinter ihm tauchte eine zweite Gestalt auf, ein langer, dünner Typ, der bestimmt schon 18 war.

„Das ist Gonzo", stellte Lauritz ihn vor und grinste breit. „Ein Kumpel von mir."

„Hm", machte ich. Ich war wirklich nicht klein, aber neben diesem Gonzo fühlte ich mich winzig. Er war bestimmt an die zwei Meter groß. Jedenfalls musste er den Kopf einziehen, um überhaupt unter dem Türrahmen hindurchzupassen. Ich führte die beiden in mein Zimmer und war ziemlich unsicher, was nicht nur an der fast leeren Flasche Sekt lag.

„'n Abend, Leute", sagte Lauritz grinsend und machte es sich gleich auf meinem Bett bequem. Gonzo ließ sich neben ihn fallen und verstaute umständlich seine langen Beine.

Moritz sah ziemlich unzufrieden aus. Ich wusste, dass er Lauritz nicht leiden konnte, aber das war sein Problem. Lauritz war jetzt eben auch mein Freund – und außerdem hatte sich Moritz ja in der Schule von mir weggesetzt. Kalli kniff skeptisch die Augen zusammen und beäugte Lauritz und Gonzo aufmerksam. Meine Mutter verzog sich bald. Dass sie mit den beiden nichts anfangen konnte, war klar. Es dauerte nicht lange, bis Moritz sagte: „Ich muss los, Big Ben." Eigentlich hatten wir noch zusammen weggehen wollen.

„He, warte mal!", rief ich, aber Moritz schlüpfte schon in seine Jacke und winkte einen wortlosen Gruß in die

Runde. Kalli blieb. Er hockte im Schneidersitz auf dem Boden und blinzelte schweigend in die Runde. Mit nervösen Fingern machte ich Musik an. Es kam mir so vor, als würden mich alle beobachten.

„Wow, super Band!", freute sich Kalli und summte leise mit.

„Scheiße, was für eine Jammermusik", meinte Gonzo und warf einen Blick auf mein CD-Regal. „Hast du nur so ein blödes Zeug?"

Wir hörten eine Weile schweigend Musik und ich guckte immer wieder zwischen Kalli und Lauritz hin und her. Karl-Heinz Herbst und Lauritz Bergmann – Kalli und Monster, Monster und Kalli ... Einer von beiden musste verschwinden. Mit beiden konnte dieser Abend nicht funktionieren, so viel war klar.

„Ich habe übrigens auch eine CD dabei", unterbrach Gonzo schließlich das Schweigen und zog eine hüllenlose CD aus seiner Jacke.

„Was ist denn das?", fragte ich und legte sie ein. Gonzo zog vielsagend eine Augenbraue nach oben und schwieg. Lauritz lächelte.

Ich fand, dass er dabei ziemlich cool aussah, jedenfalls viel cooler als Kalli, dieser verschlafene Freak. Mit Lauritz wollte ich gern mal was unternehmen, einfach, weil er so cool aussah. So, als würde er auch mal draufhauen, wenn es drauf ankam. Und manchmal kam es schließlich drauf an! Das konnte passieren – gerade nachts, wenn man unterwegs war.

Die Musik war laut und schräg, ein zu lautes Schlagzeug und eine schlecht gestimmte E-Gitarre. Ich versuchte, den Text zu verstehen.

... hat 'ne Glatze und ist ...
Moral und Herz besitzt er nicht.
Hass und Gewalt zeichnen sein Gesicht.
... liebt den Krieg und liebt die Gewalt
und bist du sein Feind, ... macht er dich kalt ...

Kalli stieß mich in die Seite.

„Was ist?"

„Mach was anderes an, Ben."

„Warum?"

„Weil ich die Musik nicht besonders mag."

Ich zögerte. „Lass doch mal laufen. Wir haben doch gerade erst reingehört."

Kalli schüttelte den Kopf. „Also, mir reicht's!" Er stand auf, sein Gesicht war starr.

„Mensch, wie uncool", sagte Gonzo.

Lauritz sagte nichts, er lächelte bloß, aber er nahm die CD aus der Anlage. Ich hockte bleischwer auf meinem Teppich und guckte wieder eine kleine Ewigkeit zwischen Kalli und Lauritz hin und her.

Plötzlich prasselten schwere Regentropfen gegen die Fensterscheibe. Kalli ging ohne ein weiteres Wort. Er zog die Wohnungstür hinter sich zu, leise und nachdrücklich. Es war das letzte Mal, dass er bei mir war.

Lauritz, Gonzo und ich wollten noch um die Häuser ziehen. Meine Mutter schaute mir mit einem undurchschaubaren Gesichtsausdruck hinterher, als ich mit den beiden das Haus verließ, aber sie sagte nichts.

Wir drei wanderten durch das Viertel und rempelten uns immer wieder beim Gehen an. Mittlerweile war ich ganz schön angetrunken. Ich musste dauernd grundlos lachen. Lauritz spendierte mir eine von seinen Zigaretten. Es goss immer noch in Strömen.

„Wollen wir auf einen Sprung ins *U-Boot*?", schlug Gonzo vor.

„Klar", antwortete Lauritz sofort und stieß mich vergnügt in die Seite. „Im *U-Boot* geht's montags voll ab", fügte er mit diesem ewigen Lächeln hinzu.

Ich sah unschlüssig zwischen den beiden hin und her. „Treffen sich da nicht bloß – Rechte?", fragte ich mit dünner Stimme.

Gonzo warf Lauritz einen vielsagenden Blick zu.

„Ja, schon", antwortete Lauritz seelenruhig. „Die kannst du da treffen …"

„Hm", brummte ich und überlegte fieberhaft, was ich machen sollte. Auf Rechtsradikale stand ich eigentlich nicht besonders. Mein benebelter Kopf verweigerte mir das Denken.

„Was ist dabei?", fragte Gonzo und schaute ein wenig genervt von oben auf mich herunter. „Kannst es dir ja mal angucken!"

„Ich weiß nicht", murmelte ich.

„Da geht echt die Post ab", versuchte mich Lauritz zu überreden und wurde allmählich auch etwas ungeduldig. Schließlich goss es immer noch heftig und er hatte keine Lust mehr, beim Diskutieren weiter durchzuweichen.

„Meine Mutter hat gesagt …", setzte ich nochmals an, aber Gonzo schnitt mir das Wort ab: „Gibst viel auf den Scheiß, den deine Mutter verzapft, hm?" Ich antwortete nicht. Lauritz warf mir einen langen Blick zu. Wir standen noch eine Ewigkeit im kalten Herbstregen. Keiner sprach ein Wort. Der Himmel über uns war pechschwarz. Ich starrte in eine Pfütze, die sich vor meinen Füßen gebildet hatte, und suchte nach meinen Konturen. Die Pfütze blieb dunkel. Wütend trat ich mit meinem Turnschuh hinein.

Lauritz legte seine Hand schwer auf meinen Rücken. „Komm, gehen wir. Wird kalt."

Ich hob die Schultern und nickte langsam, wie in Zeitlupe. Da löste Lauritz seine Hand. Wir gingen.

Vor dem *U-Boot* standen eine Menge Mopeds. Das flache Gebäude war betonfarben. Es stand geduckt neben einem riesigen Getränkemarkt und sah wirklich aus wie ein U-Boot: trostlos grau, mit vielen winzigen Luken, durch die kaltes Licht in die Dunkelheit nach draußen fiel.

Ich fühlte mich sehr unbehaglich und war inzwischen wieder einigermaßen nüchtern. So richtig wusste ich nicht, was ich hier sollte. Außerdem hatte ich ganz offensichtlich nicht die richtigen Klamotten an für diesen Laden. Ich trug zwar eine normale Jeans, wie ein paar von den Typen, die vor der Kneipe standen, aber meine uralte Jacke, die ich schon vor Monaten hatte wegschmeißen wollen, passte nun wirklich nicht hierher.

Gonzo und Lauritz liefen unbekümmert neben mir her. Lauritz grüßte eine Menge Leute, die ich noch nie gesehen hatte.

„Alles Kumpels von mir", erklärte Lauritz stolz und lächelte zufrieden.

Ich stolperte und lachte, immer noch unsicher. Dann betraten wir das *U-Boot*. Es war dunkel, laut und brechend voll.

„Abgefahren hier, was?", brüllte Lauritz mir ins Ohr.

Die Musik war wirklich ohrenbetäubend. Es roch nach Schweiß, Zigarettenqualm und Rasierwasser. Der Geruch strömte von allen Seiten auf mich ein. Mühsam arbeiteten wir uns Richtung Theke vor.

„Oy, Monster!", schrie jemand dicht neben mir und ich zuckte zusammen.

„Hi, Rob!", schrie Lauritz zurück und schlug einem verschwitzten Glatzkopf auf die Schulter. Rob heftete sich an unsere Fersen und zu viert schoben wir uns weiter.

Gonzo organisierte ein Sixpack Bier und eine Handvoll Schokoriegel. Wir erreichten eine Ecke, in der einige Chromtische herumstanden. Als genau neben uns eine Gruppe weiterer Glatzköpfe aufstand, nahmen wir sofort den Tisch in Beschlag.

Ich setzte mich neben Rob und neben eine dreckige Steinwand, die mit Graffiti und Parolen besprüht war. *WHITE POWER* stand gleich da, wo meine Schulter die Wand berührte. Rundherum waren eine Menge Totenköpfe abgebildet.

„Willst du eine Flasche?", fragte Rob und hielt mir ein Bier entgegen. Ich schüttelte den Kopf.

„Abstinenzler, was?", fragte er mit spöttischem Grinsen.

„Quatsch!", antwortete ich eilig, obwohl ich froh war, dass ich inzwischen wieder etwas nüchterner war, und griff nach der Flasche. Ich guckte mir von den anderen ab, wie man sie mit einem Feuerzeug öffnete. Es klappte besser, als ich gedacht hatte, und ich trank einige Schlucke von dem dunklen, bitteren Bier. Langsam wurde mir angenehm warm und ich vergaß meine vom Regen durchweichten Kleider. Ich lehnte mich gegen die Wand und ließ meine Blicke neugierig durch den verrauchten Raum schweifen. Überall waren Jugendliche in meinem Alter oder älter. Ein paar kannte ich sogar aus der Schule, aber die meisten hatte ich noch nie gesehen. Logisch, schließlich hatte ich ja in letzter Zeit nur noch allein zu Hause herumgehangen. Aber das würde jetzt anders werden! Ich schlüpfte aus meiner alten, durchnässten Jacke und fühlte mich allmählich gar nicht mehr so unwohl wie am Anfang. Die hämmernde Musik, die stickige Luft und die Wirkung des Alkohols vernebelten mir den Kopf. Ich begann mich abgehoben und schwerelos zu fühlen. Ich suchte Lauritz' Blick und lächelte ihn an. Er lächelte zurück, während er nebenbei an einem Mädchen herumfummelte, das müde an seiner Seite hockte.

„Dich habe ich hier übrigens noch nie gesehen", sagte Rob, der Glatzkopf, zu mir und zündelte dabei mit seinem Feuerzeug an der Sohle seines schweren Schnürstiefels herum. Seinen Fuß legte er vor mir auf den Tisch. Der Gestank nach verbranntem Gummi breitete sich aus. Rob schlug die kleinen Flammen mit seiner bloßen Handfläche aus und grinste mich an. Ich nahm einen weiteren Schluck aus der Bierflasche und versuchte cool auszusehen.

„Wie heißt du eigentlich, Kumpel?", fragte Rob. Ich nannte ihm meinen Namen. Wir hockten Seite an Seite und hingen unseren Gedanken nach, sofern das bei der lauten Musik möglich war. Sie wurde immer lauter und dröhnte mir bis tief in den Bauch.

Lauritz fingerte weiter mechanisch an dem müden Mädchen herum. Inzwischen hatte er ihren Pulli etwas hochgezogen und eine Hand daruntergeschoben. Ich konnte meinen Blick kaum abwenden und spürte, dass der Anblick mich schon wieder erregte. Heftig, diese blöden geilen Gefühle dauernd! Was war nur los mit mir in letzter Zeit?

Die Musik stockte kurz und heulte gleich darauf wieder mit derselben Wucht auf. Anscheinend war das noch immer dieselbe Band, denn die Melodie klang fast genauso wie beim vorherigen Song, nur der Text war ein anderer. Diesmal verstand ich jedes Wort: *Leute, kauft Juden, der Winter wird kalt ...*

Hatte ich richtig gehört? Ich guckte betreten und Hilfe suchend zu Gonzo, doch der grölte laut mit.

... Wir lieben Adolf Hitler und sein Reich,
alle Türken sind uns gleich.
Wir lieben Skinheads und die SA,
schlagen Türken, ist doch klar ...

Das war heftig! Ich spürte, dass ich anfing zu schwitzen. Meine Hände wurden feucht. Zittrig stellte ich die Bierflasche auf dem wackeligen Tisch ab. Von der Seite musterte ich Rob, der unbeeindruckt neben mir saß und mit ausdruckslosem Gesicht vor sich hinstarrte. Ich atmete schwer, fühlte mich schlagartig sehr erschöpft und wünschte mich plötzlich nur noch nach Hause, in die Ruhe meines Zimmers. Aber ich riss mich zusammen. Draußen goss es bestimmt noch immer. Außerdem war mir ein bisschen schwindelig von der Luft und vom Biertrinken. Okay, der Liedtext war echt hart, aber auf der anderen Seite war es nur ein Text. Musste man ja nicht wörtlich nehmen. Und überhaupt: Was sollte ich zu Hause? Rumhocken und Muttersöhnchen spielen? Hermann Hesse lesen? Oder Vokabeln lernen und Woody-Allen-Filme schauen? Ich blieb also sitzen, wo ich war. Dabei war es mittlerweile schon weit nach Mitternacht. Nach dem ersten Bier hatte ich ein zweites getrunken. Und nach dem zweiten ein drittes. Inzwischen hatte ich mein viertes vor mir stehen. Aber warum auch nicht? Schließlich hatte ich Geburtstag!

Die Musik wurde allmählich etwas leiser. Jedenfalls konnte ich jetzt den Gesprächen der anderen zuhören. Rob regte sich darüber auf, dass das *Zombie* am alten Schlachthof in der Nähe des Bahnhofs nächste Woche schließen würde. Von der Kneipe hatte ich noch nie gehört, aber Rob und Gonzo schienen dort Stammgäste zu sein.

„Und das *Paddy Go Easy* wollen sie auch dichtmachen, die linken Schweine im Rathaus", schimpfte Rob.

„Echt? Warum das denn?", rief ein dicker, schwitzender Junge, der sich zu uns gesetzt hatte, ohne dass ich es bemerkt hatte.

„Na, wegen der Schlägereien, ihr wisst schon …", antwortete Rob vielsagend. Ich wusste natürlich nichts. Aber die anderen nickten übereinstimmend. Ich fühlte mich ausgeschlossen.

„Und in der Albertstraße sind schon wieder neue Kanaken eingezogen."

„Asylbewerber?", fragte ich, um endlich mitreden zu können.

„Klar, lauter Schmarotzer, die auf unsere Kosten hier leben", gab der dicke Junge empört zurück.

„In der Rheinstraße auch", sagte Rob angewidert. „Lauter Nigger."

Ein Typ, der Lino hieß und mich vorhin ein paarmal freundlich angegrinst hatte, spuckte jetzt angewidert auf den Boden. „Die ganze Stadt stinkt schon. Überall laufen diese schwarzen Afros rum und verticken Drogen an deutsche Kinder."

„Die kommen direkt aus den Slums in Afrika", sagte Gonzo, „und kassieren hier unsere Steuergelder."

Ich nickte wie die anderen zustimmend mit dem Kopf und war mir selbst ein bisschen fremd dabei.

Plötzlich musste ich an meine Mutter denken: He, Mom. Das hier ist die Realität in Deutschland! Deine Idee von Multikulti kannst du wohl einpacken! Guck dir das ganze Pack doch mal ohne deine liberale rosa Sonnenbrille an. Die ganzen Ausländer bringen bloß Kriminalität hierher. Und Drogen. Sonst nichts. Das ist es, was du nicht kapierst. Aber ich! Ich kriege allmählich den Durchblick. He, Mom, zum Teufel mit deinen verschrobenen Ansichten!

„Wer kommt noch mit zum Bahnhof?", rief da plötzlich ein Typ, den ich bisher noch nicht bemerkt hatte.

„Was willst du denn da jetzt noch?", brummte Lauritz und streckte sich gähnend.

„Was wohl?", rief der andere zurück. „Saufen und Nigger in die Flucht schlagen!"

Lauritz guckte unentschlossen, aber Gonzo sprang sofort auf. Da stand auch Lauritz auf. Jetzt konnte ich zum ersten Mal das Mädchen an seiner Seite genauer betrachten.

Unsere Blicke trafen sich.

„Gehst du da auch mit?", fragte ich sie zögernd. Sie zuckte mit den Achseln. „Ich weiß nicht." Wir sahen uns an, während ich in meine alte Jacke schlüpfte.

„Was machst du?", fragte sie mich und schob sich vertrauensvoll an meine Seite.

„Ich … ich gehe, glaube ich, nicht mit", antwortete ich. Lauritz schaute mich auffordernd an, aber ich schüttelte langsam den Kopf.

„Dann halt nicht, Kumpel", sagte Lauritz.

„Bist du jetzt sauer?", rief ich nervös.

„Nö." Lauritz lächelte mir zu, dann ging er davon.

11

Das Mädchen hieß Laura. Sie roch nach dem gleichen Parfüm, nach dem unsere Biologielehrerin Frau Grün immer roch – ein bisschen zu süßlich für meinen Geschmack.

Ich drückte mich dennoch enger an ihre Seite. Was Lauritz schaffte, würde ich auch schaffen! Verdammt, schließlich war ich jetzt 16! Da wurde es Zeit für ein paar Erfahrungen mit Mädchen und sie schien ja nichts dagegen zu haben.

„Wollen wir noch ein bisschen durch die Gegend ziehen?", fragte ich sie darum, kaum dass wir auf der Straße waren. Der Regen hatte aufgehört.

„Ich möchte aber bald nach Hause", sagte Laura. Trotzdem ging sie mit. Wir wanderten ziellos durch die Straßen. In diesem ziemlich heruntergekommenen Viertel kannte ich mich nicht aus.

„Wohnst du hier?", fragte ich Laura.

„Ja, gleich da vorn hinterm Supermarkt." Laura fröstelte. Mir war eher heiß.

„Mir ist kalt", sagte Laura und schob sich dichter an mich heran. Ich hielt den Atem an und legte meinen

Arm um ihre schmale Schulter. Ihre Haare kitzelten mich im Gesicht. Ich dachte an Pia. Und auch an Lene. Aber ich *wollte* nicht an sie denken. Laura war nicht hässlich – und sie war hier! Sie kuschelte sich eng an meine Seite.

„Willst du noch mit raufkommen?", fragte sie, als wir den Supermarkt erreichten. Ich schaute nervös auf ein Werbeplakat für Sonderangebote. *Rollbraten. Rinderrouladen. Tatar. Ausschließlich Rindfleisch aus deutscher Mast und Aufzucht. 100 g nur 1,19 €.*

„Ich weiß nicht", murmelte ich.

Laura lächelte. „Wir müssen bloß ein bisschen leise sein. Mein kleiner Bruder darf nicht wach werden."

„Und deine Eltern?" Meine Stimme klang heiser.

„Mein Vater wohnt in Köln. Und meine Mutter hat Nachtschicht." Laura reckte sich plötzlich zu mir hoch und küsste mich auf den Mund. Ich zuckte ein bisschen zusammen und spürte durch die Jacke ihren Busen. Da ging ich mit.

„Was ist mit Monster?", fragte ich.

„Was soll denn mit ihm sein?", antwortete Laura.

„Aber ihr habt euch doch geküsst, vorhin."

„Na und?"

„Machst du das mit jedem?"

„Ist doch egal, oder?"

Ich sah sie an und überlegte eine Sekunde lang, ob es nicht besser wäre, mich davonzumachen. Aber ich blieb. Ich wünschte, die Straße würde nie enden und wir könnten immer weiter so durch die Dunkelheit laufen, anonym und sicher. Aber wir hatten schon das Hochhaus erreicht, in dem Laura wohnte, im siebten Stock. Im Fahrstuhl war es dunkel.

„Die blöde Neonröhre brennt immer durch", erklärte Laura und küsste mich wieder auf den Mund. Irgendwo weinte ein Kind und es stank nach Urin. Meine Knie waren zittrig, wie nach einem langen, anstrengenden Lauf. Während Laura nach ihrem Wohnungsschlüssel kramte, schob ich eine Hand unter ihre Jacke und ihren Pullover, dahin, wo eben noch Lauritz' Hand gelegen hatte.

„He!", protestierte Laura mit leisem Lachen. Ich ließ nicht locker. So stolperten wir mit einem Poltern in die Wohnung hinein.

„Pssst!", warnte Laura. „Denk an meinen Bruder."

In der Wohnung roch es ein wenig muffig. Laura schaltete das Deckenlicht ein. Ich kniff erschrocken die Augen zu. Ich wollte jetzt kein Licht!

„Mach's aus", bat ich sie nervös.

„Warum?"

„Bitte."

„Na gut."

Ein kleiner, struppiger Hund lief schwanzwedelnd herbei. Laura streichelte ihn ausgiebig und warf ihm ein paar Hundekekse zu. Ich folgte ihr in die Küche. Sie wühlte im Kühlschrank herum und knabberte kurz danach an einem kalten Stück Pizza. Mir bot sie nichts an, aber ich hätte sowieso abgelehnt.

„Ich muss mal aufs Klo", flüsterte sie mir zu. Sie blieb eine Ewigkeit im Bad. Ich ging in ihrem Zimmer auf und ab und wartete auf sie. Zwei müde, zerzauste Wellensittiche im Käfig leisteten mir dabei Gesellschaft. Schließlich hockte ich mich einfach auf den Fußboden, umgeben von einem Berg aus Klamotten und Kosmetikkram.

Endlich kam Laura zurück und schloss die Tür hinter sich.

„Willst du auch was?", fragte sie leise und hielt mir einen angebissenen Schokoriegel entgegen.

„Nein", gab ich flüsternd zurück. Verdammt, warum musste sie dauernd essen?

„Laura?", fragte ich schließlich vorsichtig.

„Mmmh?"

„Nimmst du oft jemanden mit nach Hause? Ich meine, nachts."

Sie wandte sich ab. Eine Antwort gab sie mir nicht.

Wir ließen eine Menge Zeit verstreichen und saßen einfach nur nebeneinander auf dem Boden. Ich zitterte immer noch und rang nach Fassung. Endlich hatte ich den Mut mich vorzubeugen und meine kalten Lippen ohne Vorwarnung auf Lauras Mund zu drücken.

Schließlich landeten wir auf ihrem Bett. Die Matratze war krümelig und durchgelegen wie eine Hängematte. Wahrscheinlich schlief Laura schon auf ihr, seit sie aus den Windeln heraus war.

„Wie alt bist du eigentlich?", murmelte ich und küsste ihr Ohrläppchen.

„Was?", fragte Laura und drehte plötzlich ihren Kopf zur Seite. Prompt landete mein nächster Kuss statt auf ihrem Gesicht auf der Krümelmatratze.

„Wie alt bist du?", wiederholte ich.

„17", sagte Laura.

Als ich ein wenig blinzelte, sah ich, dass sie anfing sich auszuziehen. Der Schweiß brach mir aus und die blöden Krümel stachen immer mehr. Jetzt wollte ich es! Ich wollte mit Laura schlafen, ganz klar. Jetzt!

In meiner Fantasie hatte ich „es" mir leichter vorgestellt. In den Filmen, die ich gesehen hatte, funktionierte es immer völlig problemlos. Aber in dieser Nacht mit Laura klappte einfach gar nichts. Die Wellensittiche krächzten verärgert. Lauras Bruder jammerte nebenan ein paarmal laut im Schlaf. Der blöde Hund kratzte winselnd an der Zimmertür.

Ich schaffte es nicht, mit ihr zu schlafen. Nach ein paar vergeblichen Anläufen gaben wir auf. Ich presste mein Gesicht in Lauras Kissen und rührte mich nicht. Jetzt war mir nicht mehr heiß. Im Gegenteil, ich fror vor Scham und Peinlichkeit. Es fehlte nicht viel und ich hätte mit den Zähnen geklappert.

„He, du!", sagte Laura und rüttelte mich ungeduldig.

„Was ist?"

„Du musst jetzt mal gehen."

„Ich weiß", murmelte ich, machte aber keine Anstalten mich anzuziehen.

„Verdammt, steh jetzt bitte auf!"

„Ich kann nicht", flüsterte ich deprimiert.

„Meine Mutter kommt aber um halb sechs."

Da sprang ich auf, zog mich an und stolperte eilig aus dem Zimmer, ohne Laura noch einmal anzuschauen.

Ich trat auf die dunkle Straße und rannte so schnell nach Hause, als würde ich verfolgt.

Es regnete wieder heftig und ich wurde klatschnass. Der letzte Nachtbus war natürlich schon längst weg. Ich hatte keine Lust, an einer dieser öden Haltestellen herumzufrieren, bis der erste Bus endlich kommen würde. Außerdem wusste ich nicht einmal, wie spät es genau war.

Jedenfalls dämmerte es, als ich endlich in unsere Straße einbog. In der nahen Bäckerei brannte bereits Licht. Ich blieb einen Moment stehen und verschnaufte. Meine Lunge tat weh und mein Herz schlug mir bis in den Hals. Dann schlich ich ins Haus und durch das Treppenhaus. Meine nassen Turnschuhe quietschten auf dem Fußboden. Ich öffnete, leise wie ein Einbrecher, Millimeter um Millimeter die Tür.

Meine Mutter saß im Morgenmantel in der Küche und wartete auf mich. Sie war hellwach und hatte das schnurlose Telefon vor sich auf den Tisch gelegt. Daneben stand ein fast randvoller Aschenbecher. Dabei rauchte sie sonst nie.

„Hallo, Mama!", brachte ich mühsam hervor und lehnte mich erschöpft an den Türrahmen.

„Da bist du also", sagte meine Mutter leise und stand auf. Sie war blass im Gesicht und sah sehr mitgenommen aus.

Ich versuchte ein kleines Lächeln. „Ist leider ziemlich spät geworden."

„So?"

„Ja."

Wir sahen uns sekundenlang schweigend an und wussten beide nicht, wie es jetzt weitergehen sollte. Ich lehnte noch immer am Türrahmen. Meine nassen, kalten Klamotten fühlten sich abscheulich an.

„Ist es okay, wenn ich – einfach ins Bett gehe?", fragte ich schließlich vorsichtig.

„Moment, Ben!", entfuhr es da meiner Mutter schrill. Sie machte plötzlich einen Satz auf mich zu und versuchte mir eine runterzuhauen, doch ich wich rechtzeitig aus, sodass sie gegen den Türrahmen schlug. Sie rieb sich die Hand und rief: „Verdammt, Ben!"

Ich wollte mich endlich in mein Zimmer verdrücken, aber meine Mutter hatte noch nicht genug.

„Warum hast du nicht angerufen?", brach es schreiend aus ihr heraus. „Warum war dein Handy die ganze Nacht über aus?"

Lennart kam im Schlafanzug in die Küche geschlichen und rieb sich die Augen. „Was ist denn los?", murmelte er schlaftrunken.

„Zisch ab!", fauchte ich ihn an.

„Bitte geh zurück ins Bett, Schatz", sagte meine Mutter und gab sich Mühe, ihre Stimme sanft klingen zu lassen.

„Ich will aber hierbleiben", erklärte Lennart stur und wollte sich auf den Tisch setzen.

„Schmeiß den blöden Zwerg raus!", schrie ich und wurde immer wütender.

„Red nicht so von deinem Bruder, Benjamin!", schrie meine Mutter zurück. In diesem Augenblick klopfte die alte Frau Martens aus dem Stockwerk unter uns gegen ihre Zimmerdecke. Meine Mutter seufzte und sah plötzlich sehr müde und alt aus. Sie griff nach dem randvollen Aschenbecher und schüttete dessen Inhalt sehr langsam und sorgfältig in den Mülleimer.

„Mama, du hast ja gequalmt", staunte Lennart und sah erschrocken aus. Endlich konnte ich in meinem Zimmer verschwinden.

Ich befreite mich erleichtert von den klammen Anziehsachen und stopfte meine nasse, alte Jacke einfach in den Papierkorb.

Draußen war es jetzt schon richtig hell. Ich schob wahllos eine CD in meine Anlage und kroch ins Bett. Kurz darauf klopfte es zögernd an meiner Tür.

„Was ist?", knurrte ich in mein Kissen hinein.

„Darf ich reinkommen?"

Ich gab keine Antwort, hörte aber im nächsten Moment, wie meine Tür aufging. Meine Mutter trat leise an mein Bett. Wir sahen uns unschlüssig an.

„Ich hatte doch bloß Angst, dass dir was passiert ist", sagte sie nach einer Weile.

„Mir passiert schon nichts."

„Warum hast du denn nicht angerufen?"

„Der Akku war leer", log ich.

„Ich hab mir solche Sorgen gemacht."

„Das wollte ich nicht."

„Ben?", begann meine Mutter nach einer kurzen Pause zögernd.

„Mmmh?"

„Wer waren diese – merkwürdigen Jungs, mit denen du gestern losgezogen bist?" Sie sah mich besorgt an.

Ich hob die Schultern. „Kumpels, was sonst?" Meine Stimme klang unwillig.

„Und wo hast du die kennengelernt?"

„Lauritz geht in meine Klasse. Wird das jetzt hier ein Verhör?"

„Natürlich nicht, Ben", sagte meine Mutter, plötzlich sanft.

„Dann lass mich jetzt bitte in Ruhe. Ich will schlafen."

Meine Mutter stand auf. „Okay. Schlaf gut." Aber im Türrahmen blieb sie erneut stehen und sah mich unschlüssig an.

„Was willst du denn noch?", fragte ich ungeduldig.

„Ich will, dass du mir in Zukunft Bescheid sagst, wenn du abends lange wegbleibst."

Ich versprach es. Endlich ging sie.

Im Traum traf ich Laura wieder – und im Traum klappte mit ihr alles so, wie es klappen soll. Im Traum war ich ganz einfach ein Supermann.

In die Schule ging ich an diesem Morgen nicht. Meine Mutter ließ mich in Ruhe ausschlafen und machte auch im Lauf des Tages kein Theater. Über die vergangene Nacht sprachen wir kein einziges Wort mehr.

12

Am Tag danach ging ich wieder in die Schule. Mein Banknachbar Lauritz erschien jedoch an diesem Mittwoch nicht.

„Der Zombie schwänzt", berichtete Daniel.

„Woher weißt du das?", fragte ich unfreundlich.

„Weil ich ihn eben gesehen habe, stell dir vor."

Ich saß auf der schmalen Heizung im Klassenzimmer, weil ich schrecklich fror.

„Ich habe ihn auch gesehen", sagte Moritz und stellte sich neben mich. Mit gerunzelter Stirn schaute er mich aus allernächster Nähe an. „Zusammen mit einer Horde Glatzköpfe …" Moritz machte ein angewidertes Gesicht.

„Was für Glatzköpfe?", fragte Lene und wandte sich dabei direkt an mich.

„Woher soll *ich* das wissen?", fuhr ich auf.

„Na, er ist doch dein Freund", meinte Lene und sah mir in die Augen. Ich rutschte von der Heizung. „Und wenn schon", antwortete ich wütend. „Seine Kumpels gehen mich gar nichts an!"

„Hoffentlich hast du recht, Ben", sagte Sam nachdenklich. Und dann erzählte er irgendetwas von einer Zeitungsnotiz, die er morgens gelesen hatte. Ich hörte gar nicht richtig hin. Sam faselte schließlich dauernd so ein Zeug. Über Faschismus und so. Mir hing das zum Hals raus. Dieser ewig gestrige Dreck. Sam regte sich doch bloß so auf, weil er selbst Jude war. Er litt einfach unter Verfolgungswahn – das war es und nichts weiter.

Abends bei der Bandprobe gab es einen üblen Streit. Pia kam nicht, weil sie Sam nicht leiden konnte. Das hatte sie Daniel am Telefon gesagt. Und Sam kam nicht, weil ihm Pia nicht passte, was bisher nur Kalli gewusst hatte. Sarah saß sauer in der Ecke und schrieb eine SMS nach der anderen an ihre Freundinnen. Sie und Daniel waren wohl schwer in der Krise. Das konnte sogar ein Blinder sehen.

„Am besten, wir machen es wie früher", schlug Kalli schließlich vor.

„Was meinst du?", fragte Sven.

„Na, wir spielen wieder ohne Pia." Kalli lächelte in die Runde. Die anderen guckten skeptisch. Bloß Sarah hob für einen Moment hoffnungsvoll den Kopf.

„Ach so, wir sollen also Pia wegschicken, bloß weil Sam das so will, oder wie? Das ist ja wohl nicht dein Ernst", motzte Daniel.

„Ganz meine Meinung", nickte ich, denn ich hatte Angst um meine Chance, Pia doch noch richtig kennenzulernen. Wir stritten ein bisschen hin und her. Dann einigten sich die anderen, wieder ohne Pia Musik zu machen. Auch Daniel gab achselzuckend nach. Ich fühlte mich wieder sehr allein und grenzenlos enttäuscht. Ich packte meine E-Gitarre ein und ging. Die anderen schauten mir überrascht hinterher.

„Was hat *der* denn jetzt?", hörte ich Moritz noch verwirrt fragen.

„Bist du übergeschnappt?", rief Sven mir hinterher. „Du wirst doch nicht alles hinschmeißen, bloß weil dieses Mädchen mit der Mickymaus-Stimme nicht mehr bei uns mitmacht?"

„Er ist verknallt in die", sagte Kalli. „Habt ihr das denn nicht mitgekriegt, ihr Hohlköpfe?"

Ich machte mich eilig aus dem Staub und spürte die Blicke der anderen im Rücken.

Am Donnerstag fühlte ich mich immer noch schlecht wegen des Streits und ging übel gelaunt zum *Öko-Paule*. Dazu hatte mich meine Mutter abkommandiert. Woche für Woche der gleiche Einkauf in diesem blöden Bioladen. Ökonudeln und Soja-Tomaten-Sauce dazu. Vollkornbrot und Marmelade ohne Zucker, bloß mit Birnensirup gesüßt. Ungeschwefelte Rosinen und Haferflocken, so ein Zeug eben.

Beim *Öko-Paule* traf ich Yüksel – Yüksel Örcün. Vielleicht hatte ich sie wirklich mal gemocht, damals, als sie in unsere Klasse kam. Irgendwann mitten in der Siebten. Sie freundete sich mit Lene an und ging ab und zu mit uns ins Kino, zum Schlittschuhlaufen oder zum Eisessen in die Milchbar am Goetheplatz. Ihr Lieblingseis war Banana Split – meins auch.

Yüksel hatte mir die binomischen Formeln und den Satz des Pythagoras ins Hirn gehämmert. Ihr verdankte ich einige passable Mathenoten. Außerdem konnte sie prima steppen und tanzte im Jugendtheaterballett. Sie war groß und schlank und hatte glatte, lange Haare wie eine Barbiepuppe. Wie eine schwarzhaarige Barbie natürlich, eine türkische. Sowas gab es bestimmt schon längst bei uns in Deutschland zu kaufen. Schließlich waren die Türken ja dabei, sich unaufhaltsam bei uns einzunisten.

Yüksel stand am Obststand. „Hallo, Ben."

Ich fühlte mich überrumpelt. Sonst traf ich beim *Öko-Paule* nie Leute aus der Schule.

„Äh – hallo!", sagte ich unbehaglich und schnappte mir einen Einkaufskorb. Yüksel lächelte. Ich legte hastig ein paar unansehnliche Äpfel in den Korb und wollte weitergehen.

„Du, Benjamin …", sagte Yüksel.

„Was ist?"

„Frau Zang meinte, du willst mit mir für den Mathetest lernen?"

„Wie bitte?"

„Ich meine: Ich hätte Zeit dafür."

Jetzt wurde ich tatsächlich rot. Nervös suchte ich nach Worten. „Nee, lass mal", sagte ich schließlich.

„Warum denn nicht?" Das klang fast ein bisschen enttäuscht.

Mist. Ich wollte nicht, dass sie meinetwegen enttäuscht war. Aber ich wollte auch ihre Hilfe nicht. Ich konnte mir allein helfen! Aber vor allem wegen Lauritz musste ich ihr eine Abfuhr erteilen. Wie würde ich denn dastehen, zum Teufel, wenn ich mich nachmittags ausgerechnet mit Yüksel traf? Ich konnte mir gut vorstellen, wie Lauritz darauf reagieren würde …

„Das ist eine Türkentussi, Ben."

„Aber sie ist nett, Lauritz."

„Scheiß drauf, Ben! Und nenn mich nicht Lauritz! Ich heiße Monster!"

„Jaja, okay."

„Die Türken ruinieren doch bloß unsere Wirtschaft! Wegen der ganzen Kanaken haben wir so viele Arbeitslose im Land."

„Ich … ich weiß nicht."

„Aber ich weiß es, Ben, zum Teufel! Diese Kanaken kassieren knallhart unsere Kohle und wir gehen pleite dabei."

Yüksel riss mich aus meinen Gedanken. „Jetzt sag schon, Ben!"

„Ich muss weiter", sagte ich nervös.

„Hm, schade." Yüksels Blick fiel erst auf die runzeligen Äpfel in meinem Korb und dann auf den Fußboden. Und schließlich wieder auf mich.

Ich schluckte, mein Mund war trocken. „Du, Yüksel, ich muss echt los."

„Es ist wegen Lauritz, stimmt's?", fragte sie schließlich.

Ich zuckte innerlich zusammen. „Blödsinn", brummte ich hastig und nahm ein Päckchen getrockneter Früchte aus dem Holzregal.

„Seit du mit dem zusammen bist, hast du was gegen mich."

Ich verdrehte die Augen.

„Lauritz kann Ausländer nicht ausstehen – das ist es!"

Da ließ ich sie einfach stehen und knallte dem blöden, weißhaarigen Öko-Paule, der an der Kasse stand, den Einkaufskorb mit seinen schrumpeligen Äpfeln direkt vor die Nase. Sollte meine Mutter ihren Ökofraß doch selbst einkaufen! Mich würden jedenfalls keine zehn Pferde mehr in diesen blöden Schuppen kriegen.

13

Mir war langweilig. Draußen schüttete es seit Stunden. Ich hatte ein bisschen Mathe gelernt und blickte trotzdem nicht durch. Dann büffelte ich eine Weile englische Vokabeln, um mich wieder aufzubauen. Englische Wörter waren Kinderkram gegen mathematische Irrsinnsformeln: *to put out of tune – to grow dump – sociable – human race – judge of men – within human power …*

Ich saß trübsinnig auf meinem Fensterbrett und drückte die Stirn gegen die kalte Scheibe. Draußen flogen ein paar Vögel vorüber. Das sah nett aus, nett und friedlich.

Wann zogen die Vögel eigentlich in den Süden? Schließlich war es längst Herbst. Ich warf einen Blick auf meinen Wandkalender. In wenigen Tagen würde der November beginnen. Niesel-Nebel-November. Der Monat, den ich am wenigsten leiden konnte. Die Vögel waren wahrscheinlich längst aus ihrem natürlichen Rhythmus gerissen. Kein Wunder, wenn man sich die verdreckte, zerstörte Umwelt anguckte.

Ich öffnete kurz mein Fenster und atmete einen Schwall nasskalter Stadtluft ein. „Da geht's nach Süden, ihr Hirnis!", brüllte ich den Vögeln zu und zeigte eindringlich nach links. Ungefähr da vermutete ich ihn zumindest, den Süden.

Ein alter Mann blieb auf der Straße stehen und starrte mich verblüfft an. Dann musste er lachen. Wahrscheinlich hielt er mich für einen verrückten, aber gutherzigen Jungen. Ich schloss schnell das Fenster und überlegte, ob ich das wirklich war.

Später holte ich mir vor lauter Langeweile die Tageszeitung aus dem Wohnzimmer und überflog die Schlagzeilen: *Hund biss Kleinkind – Einbruch in der Volksbank in der Frankenstraße – Geänderte Öffnungszeiten im Arbeitsamt*, las ich ohne großes Interesse. Doch dann, als ich Seite 4 aufblätterte, stockte mir plötzlich der Atem: *Überfall am Hauptbahnhof* stand in großen Lettern oben auf der Seite.

Ich hockte bleischwer auf meinem Bett und las mit einem flauen Gefühl im Magen hastig den Bericht: *Am vergangenen Montag, mitten in der Nacht …*

Von einer Gruppe dunkel gekleideter Jugendlicher war da die Rede. Und von ein paar zusammengetretenen Obdachlosen, die hilflos im Schlaf überrascht worden waren. Die Jugendlichen waren unerkannt entkommen. Alle. Ein türkischer Taxifahrer hatte den Überfall beobachtet und der Polizei gemeldet.

Viel mehr stand nicht drin in diesem Artikel. Es waren kaum mehr als 20 kleine Zeilen. Ich faltete die Zeitung bedächtig zusammen und schob sie unter meine Matratze, zu dem Verbandsblättchen, das mein Opa Gustav mir gegeben hatte. Dann streckte ich mich auf meinem Bett aus und versuchte, wieder ruhig zu atmen. Ich schloss die Augen und wollte die Welt um mich herum einfach nur vergessen.

Im Deutschunterricht nahmen wir die Lyrik des 20. Jahrhunderts durch. Ich hockte müde auf meinem Platz und guckte aus dem Fenster. Jetzt war er da, der Niesel-Nebel-November.

Es regnete schon seit dem frühen Morgen. Regentropfen liefen in dünnen Zickzacklinien die Fensterscheiben hinunter.

Herr Keller, unser Deutschlehrer, war gleichzeitig unser Klassenlehrer. „Wir bilden Arbeitsgruppen und jede Gruppe schreibt ein kurzes Referat zu einem Dichter", verkündete er euphorisch. Dauernd teilte er uns in Gruppen ein. Anscheinend war es für ihn unerträglich, uns mal fünf Minuten in Ruhe allein arbeiten zu lassen. Von der ersten Stunde an war er mir auf den Geist gegangen. Er war ein alter Studienfreund meiner Eltern und das nervte mich ganz besonders.

„Ich verteile die Aufgaben in Kleingruppen und ihr arbeitet die Texte gemeinsam aus."

„Na, super", murmelte ich und verdrehte die Augen.

„Was meinst du, Ben?", fragte Herr Keller.

„Nichts, gar nichts", erwiderte ich und spielte unter dem Tisch *Snake* mit meinem Handy, während unser Klassenlehrer gut gelaunt Texte über seine verstaubten, toten Dichter verteilte. Ein paar Minuten später fand ich mich vereint mit Sam, Daniel und Rainer Maria Rilke wieder. Lauritz hockte spöttisch auf seinem Stuhl, den er gefährlich kippen ließ. Seine Füße stützte er gegen die

Bank. „Ich mach da nicht mit", erklärte er und gähnte laut. „So ein Mist!"

Unser Klassenlehrer seufzte, aber er schwieg. Lauritz war er eindeutig nicht gewachsen. Das war in der letzten Zeit kristallklar herausgekommen.

„Wir treffen uns am besten heute Nachmittag bei mir", schlug Sam vor und schaute zu mir rüber. „Was meinst du?"

Ich hob unlustig die Schultern. Als ich einen misstrauischen Blick von Lauritz auffing, wurde ich mehr als unruhig.

„Mein Vater hat bestimmt ein paar Bücher über Rilke", erklärte Sam. Ich schaute ihn gereizt an. Immer musste Sam sich wichtigmachen und seine reichen Eltern ins Spiel bringen, die einfach alles hatten: ein Riesenhaus, drei Autos, einen Pool im Keller und einen im Garten und offensichtlich auch Bücher über alles und nichts. Sam hatte natürlich einen eigenen Flachbildfernseher, ein super Mountainbike und etwa jedes halbe Jahr ein neues Handy … Außerdem ging er immer noch mit Lene. Ich musste schlucken und schaute zur Seite.

„Ich hab heute keine Zeit", sagte Daniel da.

„Ich auch nicht", behauptete ich schnell.

„Was ist mit Sonntag?", beharrte Sam. Sonntag hatte Daniel ebenfalls keine Zeit, er war wirklich dauernd verplant, erst recht, seit er sich mit Sarah wieder versöhnt hatte.

„Was ist mit Samstag?", fragte Daniel und guckte in die Runde.

„Samstags geht es bei mir nie", antwortete Sam.

„Warum nicht?", fragte ich.

„Da geh ich in die Synagoge, das weißt du doch", erklärte Sam freundlich. „Und hinterher kommt die ganze Family zu uns."

„Lass diesen Mist doch einmal sausen", schlug ich probehalber vor. Sam schüttelte freundlich, aber bestimmt den Kopf und erzählte, als ob es sich um die normalste Sache der Welt handeln würde, irgendetwas von jüdischen Gemeindenachmittagen, an denen er jeden Samstag teilnehmen würde.

Dass dir das nicht mal peinlich ist, du blöder Jude, dachte ich genervt. Und zu dieser dämlichen Gruppenarbeit hatte ich sowieso keine Lust. Schließlich verschoben wir unser Treffen auf unbestimmte Zeit.

„Dann eben irgendwann nächste Woche", murmelte ich halbherzig, als es endlich klingelte.

„Du wirst dich doch nicht mit diesem schmierigen Typen treffen?", regte sich Lauritz auf dem Heimweg auf.

„Was soll ich denn machen?", murmelte ich widerwillig.

„Der Typ ist ein Arsch und ein blöder Streber", knurrte Lauritz.

„Hm", machte ich, ohne hochzuschauen.

„Und ein Scheißjude ist er außerdem!", sagte Lauritz und nahm mir ohne zu fragen meine frisch angesteckte Zigarette aus dem Mund, um sie selbst zu Ende zu rauchen. Irgendwie schien er nicht gut drauf zu sein. Bevor wir uns am Hauptbahnhof trennten, lud er mich trotzdem ein mal zu ihm nach Hause zu kommen. Das freute mich. Denn seit diesem Sommer fühlte ich mich dauernd einsam. Verrückt für einen wie mich, der früher eine Menge Freunde gehabt hatte. Ich war mir bloß nicht sicher, ob ich es gewesen war, der sich isoliert hatte. Oder hatten die anderen *mich* ausgeschlossen – ganz allmählich und einfach so? Hatte das angefangen, als Lauritz in unserer Klasse aufgetaucht war? Nein, überlegte ich, das war schon früher losgegangen. Irgendwie war ich dauernd auf der Suche nach etwas Neuem gewesen. Das musste es sein …

14

Ich wollte noch nicht nach Hause. Stattdessen stieg ich an der nächsten U-Bahn-Station einfach in die erstbeste Bahn, die einfuhr. Ich setzte mich ans Fenster und starrte auf grauen Beton, der über und über mit Parolen und Graffiti beschmiert war.

Scheißleben stand da. Und: *Nur ein toter Türke ist ein guter Türke* und *Fuck you*, aber auch: *Laila, ich liebe dich* oder *Love is the drug*.

Die U-Bahn fuhr durch Wilhelmsburg. *Ausländer raus!* und *Deutschland den Deutschen* stand auf dunklem Beton. Ich dachte an Kalli, den solche Sprüche immer in Rage brachten. Und daran, dass ich eine Zeit lang ähnlich gedacht hatte wie er. Meine Mutter war sogar im Ausländerrat unseres Stadtteils und unterstützte eine kurdische Großfamilie, die in unserer Straße wohnte.

Aber mein Opa Gustav sah die Dinge ganz anders. Er und Wilfried wurden weiß vor Wut, wenn ich ihnen von der kurdischen Familie erzählte.

„Ben, diese ganzen Ausländer sind doch alle nur Schmarotzer, die sich hier auf unsere Kosten durchfuttern", hatte mein Opa sich aufgeregt.

„Genau", hatte Wilfried geknurrt. „Lauter Kriminelle sind das!"

Ich hatte bloß genickt. War ja was dran, wenn man es sich genau überlegte …

Das Telefon klingelte.

Ich saß mal wieder auf meinem Fenstersims und schaute nach draußen. Wind fegte die Straße entlang und wirbelte Abfall auf. Abfall und altes, zertretenes Herbstlaub. Der Tag war grau wie Beton und beißend kalt.

„Ben!", rief meine Mutter. „Telefon für dich!"

„Wer ist es denn?", brummte ich träge.

Meine Mutter runzelte die Stirn und kam zu mir herein. „Dein Opa Gustav", sagte sie wenig begeistert und gab mir das Telefon.

„Hallo, Opa", sagte ich, ohne auf ihren Blick zu achten, und schob die Tür hinter ihr zu.

Zuerst redete mein Opa eine kleine Weile um den heißen Brei herum. Aber schließlich rückte er doch mit dem Grund seines Anrufes heraus. „Ach übrigens, Ben, wir haben heute Abend eine kleine Feier."

„Wer, wir?"

„Na, Wilfried und ich. Und die anderen – du weißt schon. Willst du vielleicht mitkommen?"

„Ja klar, warum nicht?", antwortete ich. Ich hatte heute sowieso nichts Besseres vor. Wir verabredeten uns und der Tag war gerettet.

Allmählich fand ich Spaß daran, meiner Mutter nicht die Wahrheit zu sagen, sie ein bisschen zu beschummeln. Es gab mir ein gutes Gefühl. Einfach, weil sie endlich einmal nicht durchblickte bei mir.

„Wo willst du hin, Ben?", fragte sie, als ich gegen sieben Uhr in meine Jacke schlüpfte.

„Auf eine Feier."

„Komm nicht wieder so spät!"

„Jaja, schon klar."

„Also, spätestens um elf bist du zurück, okay?"

Obwohl sie noch nicht einmal nachgefragt hatte, wo ich genau hinging, wurde ich sauer. Ich erklärte ihr, dass ich fast erwachsen war. Ich appellierte an ihre lockere Erziehung und die Sache mit der Eigenverantwortung, die sie uns gepredigt hatte, seit wir aus den Windeln raus waren, Lennart und ich. Damit schlug ich sie mit ihren eigenen Waffen, denn sie hatte es gerne, wenn man in der Lage war, Argumente für die eigene Sache aus dem Ärmel zu schütteln.

„Na gut, Ben, dann eben um zwölf. Aber nicht später, du bist schließlich erst 16."

Draußen war es immer noch kalt, es fiel schon wieder ein feiner, nebeliger Nieselregen. Ich wanderte mit hochgezogenen Schultern die Straße entlang zum Goetheplatz. Er war menschenleer – keine *Down-under*-Punks diesmal. Kurz vor der U-Bahn-Station kam mir jemand entgegen – und das war ausgerechnet Kalli. Wir schauten uns an. Kalli sah noch abgerissener aus als sonst. Er trug alte, abgetragene Turnschuhe. Seine Jeans war zerbeult und schäbig. Sein olivgrüner Parka sah aus, als stamme er aus der Steinzeit. Um den Hals hatte er ein schmuddeliges, weißrotes Palästinensertuch gewickelt und über der

Schulter trug er einen unförmigen Stoffrucksack. Wir standen uns schweigend gegenüber.

„He, Big Ben", sagte Kalli schließlich und lächelte schwach. Ich guckte ihn stumm an. Erst jetzt entdeckte ich einen roten Aufnäher auf seinem linken Jackenärmel. *Zerschlagt die Nazibanden!* stand da. Darunter war ein Hakenkreuz abgebildet – ein zerschlagenes Hakenkreuz. Ich drehte mich wortlos um und ging weiter und fühlte mich bleischwer und eigenartig.

Mein Opa freute sich, als ich bei ihm auftauchte. Wilfried war schon vor mir eingetroffen. Die beiden saßen zusammen im Wohnzimmer und hatten mich offenbar ungeduldig erwartet. Das gefiel mir.

„Hallo, Opa", sagte ich und wir machten uns gleich in Wilfrieds altem Kombi auf den Weg.

Die Feier fand in einer Gaststätte statt. *Klabautermann* stand über dem Portal. Ich war noch nie zuvor dortgewesen und fühlte mich ziemlich unsicher. Überall fremde Gesichter. Ich lächelte vage in die Runde. Mein Großvater spendierte mir ein Bier: ein dunkles, bitteres Bier mit einer weißen Schaumkrone.

„Da ist ja der Josef!", sagte mein Opa und wies auf einen riesengroßen Mann mit hellen, schmalen Augen. „Er leitet einen Jugendsportverein."

„Aha", murmelte ich und lächelte Josef vorsichtig zu. Obwohl er zurücklächelte, fühlte ich mich gegen ihn klein und unbedeutend. Vielleicht merkte mein Großvater das, jedenfalls schob er mich schließlich quer durch die Gaststätte auf eine kleine Gruppe Jugendlicher zu.

Vor Nervosität stolperte ich. Verdammt, warum war ich bloß immer so verkrampft, wenn ich neue Leute traf? In diesem Moment löste sich jemand aus der Gruppe der Jugendlichen und winkte mir zu. Gonzo, Lauritz' riesenhafter Kumpel!

„Hi, Ben!", rief er erfreut und schlug mir freundschaftlich auf die Schulter. Von da an war alles okay. Ich fühlte mich gleich viel lockerer und setzte mich grinsend neben Gonzo, als wären wir schon immer Kumpels gewesen.

„Das sind unsere Leute aus Essen", erklärte Gonzo mir, als sich eine weitere Gruppe Jugendlicher ins *Klabautermann* drängte. Ich nickte und hörte stumm zu, wie Gonzo die Leute begrüßte.

„Hallo, Steffen! Hi, Carsten! Hallo, Flipp! Hi, Devil!" Ich musste Devil dauernd verstohlen angucken. Sein Haar war kurzgeschoren. Zwischen den Augenbrauen, auf der Nasenwurzel, hatte er eine Tätowierung: ein kleines, schwarzes Hakenkreuz.

„Wir werden demnächst eine neue Brigade gründen", sagte Devil, an Gonzo gewandt. Aber mich schloss er irgendwie ein in diese Information, das fühlte ich.

„He, gut!", sagte Gonzo und pfiff anerkennend durch die Zähne.

„Ja, gut …", murmelte ich ebenfalls. Irgendwie war mein Kopf bleischwer. Ob das vom Bier kam oder von der stickigen Luft, konnte ich nicht genau sagen.

„Seid ihr dabei?" Devil guckte uns auffordernd an.

„Ich denke schon", nickte Gonzo. Devil zog mit zufriedener Miene weiter.

„Gonzo?", fragte ich leise.

„Was?"

„Was ist eine ‚Brigade‘?"

Gonzo grinste breit. „Na, eine Kampfgruppe."

„Und wozu?"

„Um unser Land wieder sauber zu kriegen, ist doch klar!" Er verzog das Gesicht. „Bald geht es dem ganzen Ausländerpack, das sich hier eingenistet hat, an den Kragen."

Ich fragte nicht weiter nach und Gonzo sagte auch nichts mehr dazu.

Eine Weile später wanderte ich durch den lang gezogenen Raum und schaute mich um. Ein paar Leute nickten mir freundlich zu. Ich grinste zurück und ließ meine Blicke über eine Gruppe junger Männer gleiten, die ein wenig abseits standen und mich nicht weiter beachteten. Sie sahen wie Studenten aus und trugen teure amerikanische Designerklamotten, solche edlen, sportlichen Marken, wie Sam Rosenberg sie oft anhatte.

Ich hatte plötzlich das Bedürfnis, zu genau diesen Leuten hier zu gehören, einer von ihnen zu sein. Nichts mehr mit Sam zu tun haben zu müssen. Und mit den anderen Idioten in meiner Klasse. Ein wenig unschlüssig schob ich mich näher und lauschte dem Gespräch.

„Es wird allmählich Zeit, dass wir die dauernde Untergrabung unseres Systems durch nicht deutsche Elemente unterbinden", sagte ein blonder Typ. Er hatte ein Notebook auf den Knien und schien online zu sein. Die anderen schauten ihm über die Schulter.

Ich stand weiterhin mit etwas Abstand still dabei. Tausend widersprüchliche Gefühle und Gedanken schossen mir durch den Kopf. Gleichzeitig war ich ein bisschen benommen und berauscht. Ganz plötzlich verspürte ich ein brennendes Gefühl in mir, etwas wie Sehnsucht –

nach meinem Vater. Ich wollte ihm so gerne von mir erzählen! Aber wahrscheinlich würde er mir mal wieder nicht richtig zuhören. Er war viel zu sehr mit seinen eigenen Angelegenheiten beschäftigt. Für mich blieb da absolut kein Raum, so viel hatte ich inzwischen begriffen.

Immer noch unsicher auf den Beinen, stolperte ich schließlich weiter. Hier und da sah ich glatzköpfige Skinheads wie Devil. Schließlich entdeckte ich meinen Großvater in einer Ecke des Raumes und hockte mich mit hochgezogenen Knien neben ihn.

„Na, alles klar?", fragte er und zwinkerte mir gut gelaunt zu. Ich guckte ernst zurück.

Inzwischen hatten sich ein paar Männer ein Mikrofon gegriffen und regten sich lautstark über die vielen Ausländer in Deutschland auf. Und über die hohe Arbeitslosenquote und über die unfähigen Politiker, allen voran unser Regierungskabinett. Mein Opa applaudierte, wenn die anderen applaudierten.

Ich hörte interessiert zu. Meine Hände waren kalt, obwohl ich doch schwitzte. Schließlich trat ein großer, dicker Mann ans Mikrofon. Ich erkannte ihn sofort: das zerknitterte Gesicht mit der flachen Stirn, der Stiernacken und das Bodybuilder-Gehabe …

„Da ist ja unser Hausmeister!", flüsterte ich meinem Opa zu. Es war tatsächlich Herr Eberlein! Er sprach eine Weile ziemlich grob über Scheinasylanten und andere Ausländer, die bloß in unser Land kämen, um Kohle abzustauben. Seine Stimme klang wütend und an seiner Schläfe trat eine blaue, geschwollene Ader dick hervor.

Die Leute in der Gaststätte klatschten. Herr Eberlein sah sich im Publikum um. Plötzlich kreuzten sich unsere

Blicke. Er nickte mir mit einer Mischung aus Aner-
kennung und Überraschung zu.

Irgendwann wurde ich schlagartig müde. Ich ließ mein
Bierglas einfach stehen und schob mich an unzähligen
Leuten vorbei ins Freie. Draußen atmete ich erleichtert
durch und lehnte mich an die Hauswand. Der Regen
hatte sich verzogen. Schwere, zinngraue Wolken zogen
über die hohen Hausdächer.

„Hallo, Ben", sagte da eine Mädchenstimme dicht
hinter mir. Ich erschrak und fuhr herum. Vor mir stand –
Pia. Ich starrte sie an, als sähe ich ein Gespenst. Was, zum
Teufel, machte sie hier mitten in der Nacht?

„Hallo, Pia", murmelte ich schließlich verwirrt. „Was
machst du denn hier?", fragte ich und wies auf das
Klabautermann hinter mir.

Sie lächelte mich an. „Ich bin mit meinem Bruder
hier."

„Du warst auch da drin?", fragte ich erstaunt.

„Ja."

Das gefiel mir, das fand ich richtig gut. „Ich bin mit
meinem Großvater gekommen", erklärte ich und guckte
Pia in die Augen. Wir standen einander gegenüber. Ich
überlegte, ob Pia mich wohl mochte. Das war doch
immerhin möglich. Jedenfalls war sie mir bis hierher
nachgekommen. Ich erinnerte mich daran, wie sie auf
unserer Probebühne gestanden und gesungen hatte. Als
ich an ihre dünne Singstimme dachte, musste ich unwill-
kürlich lächeln.

„Warum grinst du so?", fragte Pia.

„Ach, nichts ... Ich mag dich halt", sagte ich und staunte
selber über meinen Mut. Pia schwieg, aber sie kam mit,

als ich mich von der Wand abstieß und ein paar Schritte ging. Wir liefen nebeneinander her und manchmal berührten sich unsere Schultern. Mir war schwindelig vor Unruhe und auf einmal spürte ich eine Welle von Zuneigung für Pia. Nach kurzem Zögern erzählte ich einfach drauflos. Von meiner Wut über die Engstirnigkeit meiner Eltern, von meinem Wunsch nach Freiheit und schließlich sogar von meinem Traumwald.

„Ich glaube, ich weiß, was du meinst", sagte Pia, als ich einen Moment lang schwieg.

„Du verstehst mich?", fragte ich verblüfft.

Sie nickte.

Wir liefen noch ein bisschen herum. Ich hatte noch immer weiche Knie vor Nervosität. Unter einer großen, kahlen Eiche blieben wir gleichzeitig stehen und küssten uns ein bisschen. Pias Lippen waren warm und trocken. Sie hauchte mir leichte, kaum spürbare Küsse auf den Mund, die mich fast verrückt machten. Ich wollte sie richtig küssen, traute mich aber nicht.

„Welche Farbe haben eigentlich deine Augen?", fragte ich stattdessen.

„Warum willst du das wissen?"

„Weil ich dich mal gemalt habe und mich nicht an deine Augen erinnern konnte."

„Du hast mich gemalt?"

„Mm-mh", machte ich und fühlte mich bloßgestellt. Hätte ich doch nur den Mund gehalten!

„Grau", sagte Pia da. „Sie sind grau. Ziemlich fad, nicht?"

„Quatsch!", entfuhr es mir schroff und ich beugte mich vor und küsste Pia lange und fest auf den Mund. Sie lehnte sich an meine Schulter. Ich zog sie an mich und hatte in diesem Moment das Gefühl, dass mir die ganze Welt gehörte. Ich fühlte mich frei und war nicht länger der verklemmte, unsichere Ben, den ich selbst nicht leiden konnte.

Für Pia wurde es allmählich Zeit, nach Hause zu gehen. Ich begleitete sie zurück zum *Klabautermann*. Vor der Tür traf ich auf meinen Opa und Wilfried. Gonzo ging mit Devil davon, und beide winkten mir zum Abschied zu.

„Schneid dir mal die Haare“, flüsterte Pia mir zu, ehe sie sich davonmachte.

„Wieso?“, fragte ich verblüfft. Schließlich war es noch nicht lange her, dass ich mir meine blöden Locken hatte schneiden lassen.

„Du siehst aus wie ein Freak.“

„Das ist nicht wahr!“

„Na gut, dann eben nicht. Wie du willst.“ Sie gab mir noch einen von diesen Küssen, die man kaum spürte, und verschwand.

Mein Opa hatte Pia und mich beobachtet und lächelte mir entgegen. Während Wilfried, Gustav und ich die dunkle Straße entlanggingen, erzählte Wilfried, dass er mit Pias Vater bestens bekannt war.

„Die Familie wohnt gleich bei mir um die Ecke“, sagte er und zog seine Jacke zu. „Wir bowlen manchmal zusammen.“ Es freute mich, das zu hören.

Ich ließ mich von Wilfried nach Hause fahren und stieg vorsorglich eine Querstraße früher aus, falls meine Mutter bereits am Küchenfenster nach mir Ausschau hielt. Es war kurz nach Mitternacht, als ich in mein Zimmer schlich.

„Ben?", hörte ich meine Mutter vor meiner Tür flüstern.

„Ja?"

„Ich bin froh, dass du da bist."

„In Ordnung", antwortete ich und ließ mich, so wie ich war, auf mein Bett fallen. Ich überlegte, ob meine Mutter um meiner bloßen Existenz willen froh war – oder einfach erleichtert darüber, dass ich diesmal einigermaßen pünktlich gewesen war. Über diesen Gedanken schlief ich ein.

15

Am Wochenende fuhren meine Mutter, mein kleiner Bruder und ich zu einem Auswärtsspiel von Lennarts Fußballverein in die Nachbarstadt. Er spielte in der C-Jugend.

„Sieh mal, Ben", sagte meine Mutter nach dem Spiel entsetzt und zeigte auf ein paar Jugendliche, die vor dem Eingang des Sportclubs herumstanden. Es waren Skinheads. „Schlimm, dass es die immer noch gibt", fügte meine Mutter leise hinzu und verzog das Gesicht, während sie ihren Autoschlüssel suchte.

„Du mit deinen ewigen Vorurteilen", entgegnete ich schroff und stieg ins Auto.

„Das sind keine Vorurteile, Ben", sagte meine Mutter.

„Was sind denn das für komische Typen?", fragte Lennart neugierig.

„Das sind Skinheads, junge Nazis", erklärte meine Mutter und fuhr vom Parkplatz.

Ich sagte darauf nichts.

„Iiiih", machte Lennart und drehte sich mit weit aufgerissenen Augen zu den Jugendlichen um, um einen letzten Blick auf sie zu werfen.

„Solche Jugendlichen sind es, die immer wieder Asylbewerberheime anzünden, aus fehlgeleiteter Wut gegen harmlose Ausländer." Meine Mutter war einfach nicht wegzubekommen von dem Thema. Verdammter Bockmist, ihr blödes Gerede!

„Eigentlich können sie einem ja fast leidtun, diese Skins", fuhr sie nachdenklich fort und bog um eine Ecke Richtung Autobahn. „Sie verstehen nichts von Politik, sind geblendet von irgendeinem Wichtigtuer, der ihnen lauter Unsinn erzählt, und werden für ihre Dummheit auch noch zu Kriminellen …"

„Okay, okay, anderes Thema", unterbrach ich sie gereizt. „Was interessiert es dich, was in denen vorgeht?"

„Ich habe einfach Angst vor solchen Typen", sagte meine Mutter.

Ich zuckte gleichgültig mit den Achseln.

„Lässt dich so was völlig kalt?", fragte sie ungläubig.

„Ich finde, du machst mal wieder aus einer Mücke einen Elefanten", antwortete ich und teilte mir mit Lennart einen Riegel Schokolade. Den Rest der Fahrt schwiegen wir. Es regnete. Dünne Regentropfen fielen gleichmäßig auf die Windschutzscheibe.

Als wir bereits vor unserem Haus standen, schauten meine Mutter und ich uns sekundenlang missmutig an.

„Dieser Hass gegen Ausländer ist schlimm und …", begann sie schließlich. Ich wartete nicht, bis sie zu Ende gesprochen hatte, sondern stieg einfach aus.

„Was würdest du denn tun, wenn du Ausländer wärst und hier leben würdest?", fuhr meine Mutter nachdenklich fort, während wir mit gesenkten Köpfen durch den Regen liefen.

„Ich würde nach Hause gehen", antwortete ich kühl.

Meine Mutter sah mich verblüfft an, aber dann musste sie plötzlich lächeln, als hätte ich nichts weiter als einen dummen Scherz gemacht.

„Kindskopf!", rief sie gespielt streng und boxte mir leicht gegen die Schulter.

Am Montag und am Dienstag verbrachte ich die Nachmittage mit Nichtstun. Die meiste Zeit lag ich im Bett und döste vor mich hin. Stundenlang spielte ich eine alte CD mit Balladen, die Yüksel mir einmal geschenkt hatte. Ich grübelte darüber nach, ob ich mich bei ihr entschuldigen sollte – für meinen miesen Ton beim *Öko-Paule* und überhaupt dafür, dass ich in letzter Zeit immer so unfreundlich zu ihr gewesen war. Wenn ich mich mit ihr vertrug, würde sie auch bestimmt wieder mit mir Mathe pauken … Schließlich war schon für Mittwoch die zweite schreckliche Mathearbeit angesetzt.

Ein paarmal wählte ich Yüksels Nummer, aber ich legte jedes Mal wieder auf, sobald sich am anderen Ende der Leitung jemand mit „Örcün" meldete.

Örcün. So ein blöder Name, ein verdammter Scheiß-Türkenname, dachte ich plötzlich aggressiv. Und bei Lauritz wäre ich wahrscheinlich auf einen Schlag unten durch, wenn ich mich bei Yüksel entschuldigte. Ich löschte ihre Nummer aus meinem Handy.

Am Mittwoch schrieben wir die Mathearbeit. Keine einzige Aufgabe konnte ich lösen und kritzelte eine Weile hilflos Zahlen auf mein Arbeitsblatt. Schließlich lehnte ich mich resigniert zurück und ließ es bleiben. Meine

Blicke schweiften durch den Raum und ich schaute den anderen beim Rechnen zu.

Einmal hob Lene den Kopf. Ich verzog meinen Mund zu einem matten Lächeln und gab ihr mit ein paar Gesten zu verstehen, dass ich aufgegeben hatte. Lene machte ein mitfühlendes Gesicht. Seit ich Pia geküsst hatte, war die Sache mit Lene für mich abgehakt, das spürte ich jetzt.

Auch Moritz schaute zwischendurch zu mir rüber. Er begann leise zu flüstern und Zahlen in die Luft zu schreiben, aber ich bemühte mich gar nicht erst etwas zu verstehen, sondern wandte mich ab. Yüksel hatte doch tatsächlich den Nerv und schmiss mir einen schnell gekritzelten Spickzettel zu, aber ich zerriss ihn ungelesen. Yüksel schaute mir dabei zu und zuckte resigniert mit den Achseln.

Eine Weile reizte ich die anderen mit provozierendem Gähnen. Dann tat ich gar nichts mehr und schaute nur noch reglos aus dem Fenster in den Regen, der seit Stunden pausenlos vom Himmel fiel.

Verrückt eigentlich, dass sich die anderen seit ein paar Tagen wieder um mich bemühten. Und das, nachdem sie mich nach den großen Ferien so genervt links liegen lassen hatten. Es war wegen Lauritz, das wusste ich ja! Aber ich mochte ihn nun mal. Er war ein richtiger Kumpel. Die anderen konnten mir egal sein.

„Dir ist wirklich nicht zu helfen", sagte Yüksel nach der Stunde kopfschüttelnd und lief Lene und den anderen Mädchen hinterher. Lauritz schlug mir aufmunternd auf die Schulter, als wir nebeneinander auf den Hof hinuntergingen.

Lauritz kam bei der Mathearbeit mit einem „Befriedigend" davon. Ich dagegen kassierte, wie erwartet, meine zweite Sechs. Ziemlich unbeeindruckt zerknüllte ich das Arbeitsblatt und kickte den Papierball durch den Klassenraum.

„Benjamin Krischka!", rief Frau Zang und ihre Stimme klang, als käme sie vom Boden einer Blechbüchse.

„Was gibt es?", fragte ich kühl.

„Eine Klassenarbeit ist ein Dokument."

„Meine ist leider kein Dokument mehr", sagte ich achselzuckend. „Meine ist Müll."

„Ich werde deiner Mutter schreiben. So geht das nicht weiter."

„Tun Sie, was Sie nicht lassen können!"

„... und ich werde ihr mitteilen, wie sehr deine Versetzung gefährdet ist."

„Machen Sie doch, was Sie wollen!" Ich stand gemächlich auf und schlenderte aus der Klasse.

16

Zum ersten Mal in diesem Jahr schneite es. Dicke, weiße Schneeflocken fielen schwer vom Himmel. Auf den Straßen schmolzen sie aber sofort zu nassem, grauem Schneematsch. Ich ging mit hochgezogenen Schultern quer durch die Stadt und fror jämmerlich.

Ich war auf dem Weg zu meinem Vater. Ich wollte einfach nur ein bisschen mit ihm zusammen sein. Anscheinend war ihm das nicht ganz geheuer, denn er hatte verwundert gewirkt, als ich ihn anrief.

„Du willst mich sehen?"

„Was dagegen?"

„Natürlich nicht, Ben!"

„Wann kann ich kommen?"

Mein Vater hielt Rücksprache mit seinem Terminkalender und klemmte mich zwischen zwei Termine.

„Bist du vielleicht in Schwierigkeiten, Ben?"

„Nein, warum?"

„Na ja, es ist ziemlich ungewohnt für mich, dass du mich sehen willst."

Ich sagte dazu nichts. Was hätte ich auch sagen sollen? Etwa, wie traurig es mich jedes Mal machte, wenn er

Lennart und mich versetzte, weil ihm mal wieder ein wichtiger Termin dazwischengekommen war? So weit kam es noch, diesen Triumph über meine Gefühle gönnte ich ihm nicht!

„Ist etwas passiert?", beharrte mein Vater.

„Mann, nein", murmelte ich. Wie sollte ich auch all das, was in mir vorging, in eine kurze Erklärung packen?

Mein Vater wohnte weit draußen, am nördlichen Stadtring, in einem sogenannten „integrativen Wohnprojekt". In dem Haus lebten ein paar Familien unter einem Dach mit Rentnern, Behinderte mit Nicht-Behinderten, alleinerziehende, ausländische Frauen und ihre Kinder und zwei aidsinfizierte, schwule Holländer – und eben mein Vater.

Ich schob mich durch ein schweres, schmiedeeisernes Gartentor. Mein Vater wohnte oben unter dem Dach in einer kleinen Mansarde mit schrägen Wänden und Fenstern. Eigentlich lebte er allein dort. Die Frauen, auf die ich in den letzten Jahren dort gelegentlich getroffen war, wechselten – manchmal so schnell, dass ich sie gar nicht mitbekam. Heute war zum Glück keine bei ihm.

„Schön, dass du vorbeischaust, Ben." Mein Vater lächelte mir zu.

„Wie viel Zeit hast du für mich eingeplant?", fragte ich bissig.

„Ich bin jedenfalls nicht direkt auf dem Sprung", sagte mein Vater.

„Wie lange? Nun sag schon!" Meine Stimme klang ungeduldig und unfreundlich.

„In zwei Stunden habe ich einen Termin auf dem Gericht."

„Okay."

Wir setzten uns an den Couchtisch und schwiegen uns eine Weile verlegen an. Das Piepen und Summen seines Faxgerätes unterbrach die peinliche Stille.

Mein Vater war in meinen Augen ein eher mickriger Anwalt. Jedenfalls hatte er bei der Scheidung meiner Eltern um jeden Cent gekämpft, den er an uns abtreten sollte. Er hatte einen Riesenaufstand gemacht und zahlte ziemlich wenig für uns. Dafür steckte er eine Menge Geld in verschiedene Initiativen und Projekte. So sah eben seine Idee von „gelebter Politik" aus: Schmeiß dein Geld denen in den Rachen, die selbst auf der faulen Haut liegen – Langzeitarbeitslosen, Ausländern, Drogenabhängigen …

„Was liegt denn an?", fragte mein Vater und versuchte seiner Stimme einen interessierten Klang zu geben. Aber das hätte er sich sparen können. Ich wusste ja, wie wenig ich ihn im Grunde interessierte. Schließlich war ich ja kein Sozialfall.

Irgendwie hatte ich mir unser Treffen anders vorgestellt. Ich hatte wirklich mit ihm reden wollen, aber jetzt, wo ich bei ihm war, merkte ich, dass wir einfach nicht miteinander klarkamen.

„Ich habe nichts mehr anzuziehen", murmelte ich schließlich, um irgendetwas zu sagen.

„So?" Er betrachtete mich kritisch von oben bis unten, das regte mich auf.

„Ich weiß", fauchte ich, jetzt richtig gereizt. „Du findest, es reicht, wenn man ein Hemd und eine Hose und ein Paar brauchbare Schuhe hat."

„Genau", sagte er und musste lächeln. „Das ist, auf einen knappen Nenner gebracht, so ungefähr das, was ich denke." Wir musterten einander, ich ziemlich finster und er fast belustigt.

„Mir reicht das aber nicht!", schimpfte ich und schlug wütend auf den Tisch. „Ich hab nicht mal einen ordentlichen Rechner. Weißt du, wie ich vor den anderen dastehe?"

„Möchtest du einen Vorschuss auf dein Taschengeld?"

Ich verdrehte die Augen.

„Wieso liegt dir nur so viel an Geld?", schnaubte mein Vater und jetzt klang auch er gereizt. „Schließlich *hast* du einen Computer! Und was-weiß-ich-noch-alles! Es gibt Millionen Jugendliche, die haben nicht mal ein Dach über dem Kopf. Oder sie müssen in den Krieg ziehen …"

„Ich habe übrigens einen neuen Kumpel", unterbrach ich schnell seine Belehrung, die ich bereits in- und auswendig kannte. Mein kleines Ablenkungsmanöver gelang. Mein Vater ging tatsächlich darauf ein: „Einen neuen Freund? Prima."

„Er heißt Lauritz. Und er ist total gut drauf. Er bringt mich … zum Nachdenken."

„Das freut mich." Mein Vater stand auf und warf zwischendurch einen schnellen Blick auf das soeben angekommene Fax. Dann setzte er sich wieder.

„In unserer Klasse ist er allerdings alles andere als beliebt", fuhr ich fort.

„Warum nicht? Ist er etwa ein Streber?" Das Faxgerät summte erneut.

„Eher das Gegenteil. Er gibt einen Scheißdreck auf die Lehrer."

Mein Vater lächelte. Klar: Leute, die nichts auf Obrigkeiten gaben, gefielen ihm schon aus Prinzip. „Ich war bei meinen Lehrern auch immer das schwarze Schaf", sagte er und lächelte bei der Erinnerung, während er das nächste Fax durchlas. „Das ging meine ganze Schulzeit über so. Und auf der Uni habe ich mich dann mit den Dozenten und Professoren rumgestritten."

Ich ließ ihn reden, auch diese Leier kannte ich auswendig.

„Wenn du also mal wirklich Zoff mit deinen Lehrern bekommst, dann kannst du auf mich zählen – ich boxe dich schon raus."

Ich seufzte. „Lauritz hat ziemlich gute Ideen", sagte ich zögernd.

„Aha?"

„Ja, wirklich. Er ... er steht nicht so sehr auf das ... Multikulturelle ..."

„Das verstehe ich nicht. Wie meinst du denn das?"

Ich überlegte und suchte nach Worten. „Seine Ideen sind einfach ... neuer als deine", begann ich dann.

Mein Vater zog eine Augenbraue hoch. „Was heißt das?"

Wieder kam ein Fax.

„Vielleicht waren deine politischen Ansichten früher mal richtig", sagte ich vorsichtig. „In den 80er Jahren ..." Und dann legte ich los. Ich räusperte mich und legte ihm Lauritz' Weltanschauung dar – und fügte Gonzos Ideen hinzu. Ich fand mich selbst sehr überzeugend. Was ich sagte, hatte ganz sicher Hand und Fuß. Schließlich kriegte ich sogar noch die Kurve zu all diesen Projekten und Initiativen, für die mein Vater sein Geld verschleuderte.

Da reichte es ihm. „Das genügt, Ben!", fuhr er mich an.

„Du willst es bloß nicht verstehen", schimpfte ich, „weil es nicht in deine Multikulti-Welt passt."

„Ich verstehe sehr wohl!"

„Das tust du nicht!" Wir waren jetzt beide auf 180.

„Ich glaube, du spinnst", presste mein Vater mühsam beherrscht hervor. Seine Stimme klang kalt.

„Ich wusste, dass es keinen Sinn hat, dir etwas zu erklären", murmelte ich düster und stand abrupt auf.

„Spiel hier nicht den Zampano!", schrie mein Vater da los. Und dann brüllte er, ich hätte ja von nichts eine Ahnung. Und ich sollte ausnahmsweise erst mal mein Hirn einschalten, bevor ich den Mund aufmachte. Und außerdem habe er jetzt keine Zeit und erst recht keine Lust mehr. Ich solle wiederkommen, wenn ich einen besseren Tag hätte. Und diesen geistigen Müll könne ich in den Regen schreien.

„Ich hoffe, du warst heute einfach nur schlecht drauf", sagte er am Schluss etwas versöhnlicher, während sein Fax schon wieder ungeduldig summte. „Lies zur Abwechslung mal eins von den Büchern, die ich dir in letzter Zeit geschenkt habe."

Dann riet er mir, weniger Zeit vor dem Fernseher zu verbringen, den Computer ausgeschaltet zu lassen und lieber öfter zu ihm zu kommen.

Ich nahm seine Ratschläge schweigend zur Kenntnis und ging zur Tür.

Mein Vater kam hinter mir her. „Hier", sagte er.

„Was ist denn noch?"

Er drückte mir einen zerknitterten 50-Euro-Schein in die Hand. Ich steckte ihn ohne ein Wort des Dankes ein.

„Also dann …", murmelte mein Vater unbehaglich.

„Jaja", sagte ich.

„Nimm's mir nicht übel, dass ich so ausgerastet bin, okay?"

Ich antwortete nicht, ließ die Wohnungstür ins Schloss fallen und lief aufgeregt die Treppen hinunter. Im Erdgeschoss prallte ich gegen den Rollstuhl eines der geistig behinderten Mädchen aus der betreuten Wohngruppe. Fluchend ließ ich sie an mir vorbei.

Vor dem Haus platzte es aus mir heraus und ich beschimpfte lauthals die halbe Welt. Mein Vater stand jetzt mit Sicherheit oben an seinem schrägen Fenster und fühlte sich so schlecht wie ich. Die dicken, weißen Schneeflocken waren vom Himmel verschwunden. Stattdessen goss es in Strömen.

17

Der November endete mit Regen. Der Dezember begann nicht besser. Es goss weiter, stundenlang, tagelang. Schwarze und dunkelpurpurne Wolken wirbelten über den Himmel. Die kleine Wiese vor unserem Haus war durchweicht und glitschig. In den Bussen und in der U-Bahn stand warm und miefig die Luft.

Ich stritt mich unentwegt mit Lennart, der von Tag zu Tag aufsässiger wurde. Er trieb sich immerzu in meinem Zimmer herum, weil dort mein Computer stand, von dem er nicht die Finger lassen konnte. Seine blöde Playstation schien ihn nicht mehr zu interessieren. Stattdessen brannte er ohne meine Erlaubnis auf meinem Rechner seine nervtötenden Ballerspiele. Ich beschwerte mich deswegen immer wieder bei meiner Mutter. Aber ich schien auf nichts einen Eigentumsanspruch geltend machen zu dürfen.

„Sei nicht so kleinlich", antwortete sie missmutig, als ich von ihr verlangte, Lennart zu verbieten in meiner Abwesenheit in mein Zimmer zu gehen. Lennart streckte mir hämisch den Mittelfinger entgegen und schob vor meinen Augen eine seiner zerkratzten CD-ROMs in meinen PC.

Um nicht durchzudrehen, traf ich mich sooft wie möglich mit Lauritz. Wir zogen durch die Stadt und stritten uns ab und zu mit ein paar türkischen Jugendlichen herum, die uns über den Weg liefen.

Einmal gingen wir noch ins *U-Boot*, dann nahm Lauritz mich wieder mit ins *Paddy Go Easy*. Besonders gut daran gefiel mir, dass dort niemand etwas dabei fand, Alkohol an uns auszuschenken. Im *Paddy Go Easy* konnten wir trinken, soviel wir wollten.

Einmal traf ich dort Devil wieder. Wir lächelten uns zu und es gefiel mir, dass Devil sich an mich erinnerte. Er setzte sich neben mich. „Hallo, Ben." Er wusste sogar noch meinen Namen. Wir tranken einen Whisky zusammen. Als wir miteinander anstießen, entdeckte ich die kleine Tätowierung auf seiner rechten Hand: HASS stand da, in tiefroter Farbe, auf den Knöcheln unterhalb seiner breiten Finger.

„Ist das neu?", fragte ich.

„Ja." Devil machte eine Faust und ließ sie mir jäh entgegenschnellen.

Ich zuckte zusammen. „Hey, lass das!"

Devil grinste breit über das ganze Gesicht. „Mach dir doch nicht gleich ins Hemd, Junge." Ich schwieg.

„Hast du dich schon mal richtig gekloppt?"

Ich überlegte einen Moment und wollte erst nicken, doch dann ließ ich es bleiben. „Nein", sagte ich und starrte verlegen in mein Glas.

„Macht nichts", antwortete Devil freundlich. „Hauptsache, wir können auf dich zählen, wenn es mal drauf ankommt."

„Klar", sagte ich schnell. „Ihr könnt euch auf mich verlassen."

Devil schlug mir kumpelhaft, aber kräftig mit der Faust gegen die Brust und marschierte wortlos weiter an einen Nebentisch zu anderen Leuten. Ich rieb mir die schmerzende Stelle und war mir nicht sicher, ob ich Devil mochte oder nicht. Trotzdem sagte ich sofort zu, als er mich, bevor er das *Paddy Go Easy* verließ, zu seiner Geburtstagsfeier einlud.

„Deine Oma und Ronald kommen über Weihnachten", informierte meine Mutter mich an dem Abend, an dem Devils Feier stattfinden sollte, beim Abendbrot. Lennart döste auf dem Sofa, er hatte sich eine heftige Erkältung eingefangen.

„Muss das sein?", stöhnte ich wenig begeistert und schmierte mein Brot.

Meine Mutter machte ein gekränktes Gesicht. Na gut, es ging immerhin um ihre Mutter. Und Ronald, dieser aufgeblasene Wichtigtuer, war ihr aktueller Lebensgefährte.

Meine Oma war Lehrerin und unterrichtete taubstumme Kinder. Diese gestikulierenden Zwerge waren ihre ganze Freude – sie redete praktisch von nichts anderem.

Ronald war Diplompsychologe und hatte eine eigene Praxis in Hamburg. Nebenbei unterrichtete er an der Universität Psychologie. Wenn er erst einmal in Fahrt kam, redete er wie ein Wasserfall. Ich wusste nicht, wer von den beiden schlimmer war, aber ich konnte ganz gut auf beide verzichten.

„Sag ihnen ab, Mama", schlug ich kauend vor.

„Das kommt gar nicht infrage", antwortete meine Mutter empört. „Ich habe gern an Weihnachten meine Familie um mich."

„Sie werden uns ohne Ende nerven, verlass dich drauf."

„Sei doch nicht immer so muffig, Ben."

„Ich hab nun mal keine Lust auf diesen verlogenen Weihnachts-Familienmist", versuchte ich es eine Spur freundlicher. Aber ich hatte keine wirkliche Chance. Wenn es um ihre Mutter ging, war meine Mutter noch unvernünftiger als sonst. Meine Großmutter und ihr Lebensgefährte würden also kommen, selbst wenn ich damit drohte, vom nächsten Hochhaus zu springen.

Wütend räumte ich mein Geschirr in die Spülmaschine. Es wurde allmählich Zeit, zu Devils Party aufzubrechen. Ohne ein weiteres Wort verließ ich die Wohnung.

„Wohin willst du jetzt noch?", rief mir meine Mutter aus dem Küchenfenster hinterher. Ich tat so, als hätte ich sie nicht gehört, und machte mich auf den Weg.

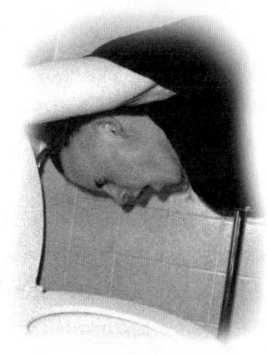

18

Es waren schon eine Menge Leute da, als ich ziemlich nervös und unsicher in Devils dämmrigen, vollgestellten Partykeller hinunterstieg. Später erfuhr ich, dass Devil und seine Kumpels ihn „Kameradschaftskeller" nannten. Die Wände waren schwarz gestrichen, an der Decke waren ein paar Neonfluter montiert. Aus einer riesigen Anlage wummerten Bässe.

„Da kommt der Krischka!", rief jemand, als ich eintrat und mich zögernd umschaute. Als sich meine Augen an die Dunkelheit gewöhnt hatten, erkannte ich Lauritz.

„He, du bist ja auch da!", begrüßte ich ihn erleichtert und schlug ihm auf die Schulter. Das fing gut an, richtig gut sogar! Nicht nur Lauritz begrüßte mich, auch Gonzo war da – und Rob aus dem *U-Boot*. Zufrieden schaute ich in die Runde.

Devil hatte seine Arme um ein schmächtiges Mädchen gelegt, winkte mir aber dennoch lässig zu. Ich winkte zurück und war mir jetzt ganz sicher: Ich mochte Devil! Klar mochte ich ihn!

Das dünne Mädchen, das er im Arm hatte, wandte den Kopf. Da erkannte ich sie. Es war Laura aus der Hochhaussiedlung. Sie lächelte mir schüchtern zu, als hätte sie damit gerechnet, mich hier zu treffen. Ich fand es ein bisschen beunruhigend, dass sie hier war, und hoffte nur, dass sie Devil nicht erzählen würde, dass ich es in dieser peinlichen Nacht nach meinem Geburtstag nicht geschafft hatte, mit ihr zu schlafen.

Ich lernte eine Menge Leute kennen. Flipp und Steffen aus dem *Klabautermann*, die beide Skinheads waren. Flipp trug schwarze Springerstiefel und steckte auch sonst von oben bis unten in schwarzem Leder. Er hatte seinen ziemlich brutal aussehenden Hund mitgebracht. Misstrauisch schaute ich mir das knurrende Tier genauer an. Es war ein italienischer Kampfhund.

Ich warf ihm ein Stück trockenes Weißbrot hin, das er gierig fraß. Schließlich traute ich mich, ihn zu streicheln.

„Du kannst wohl gut mit Hunden?", meinte Flipp anerkennend.

„Na ja, geht so", sagte ich und ließ meine Hand auf dem warmen Hunderücken liegen.

„Hector ist nämlich ziemlich aggressiv", erklärte Flipp und kraulte seinem Hund den kurzhaarigen Nacken. „Er lässt sich nicht von jedem anfassen."

Ich nickte und verfütterte mein letztes Stück Weißbrot an den Hund. „Habe ihn selbst trainiert", fügte Flipp stolz hinzu und warf mir eine Büchse Bier zu. „Trainiert?", wiederholte ich und öffnete zischend die Büchse.

„Na, ich meine: Ich habe ihn selbst scharfgemacht."

Ich guckte Hector unsicher an. Er schaute angespannt zurück. Wahrscheinlich wartete er auf weitere Futtergaben.

„Er geht vor allen Dingen auf Kanaken. Die erkennt er schon ganz alleine."

Ich wusste nicht, was ich dazu sagen sollte, darum nickte ich bloß schweigend.

„Das Vieh macht so einen dreckigen Kanaken mit links fertig", ergänzte Flipp. Dann packte er Hector am Halsband und zog ihn weiter zu einer Gruppe neu ankommender Gäste. Ich schaute Flipp wortlos hinterher. Es beeindruckte mich, dass jemand wie er sich mit mir abgab, als ob ich einer seiner Kumpels wäre.

Die Musik war immer noch ohrenbetäubend laut, aber das störte mich heute nicht.

„Er ist ein Skinhead und Faschist. Er hat 'ne Glatze und ist Rassist. Moral und Herz besitzt er nicht. Hass und Gewalt zeichnen sein Gesicht. Er liebt den Krieg und liebt die Gewalt, und bist du sein Feind ... dann macht er dich kalt ...", sang ich, wie die anderen, laut mit.

Ich lächelte in die Runde. Und ich trank Bier, wie die anderen. Bier und Cola-Rum und Wodka-Cola – alles durcheinander, wie es gerade kam. Mein Kopf fühlte sich bald an, als wäre er mit Watte gefüllt.

Irgendwann nach elf Uhr wankte ich zur Toilette. Mir war schrecklich übel und ich übergab mich heftig und machte mich danach zittrig auf die Suche nach meiner Jacke.

„He, Monster, ich hab genug!", informierte ich Lauritz.

„Du willst schon nach Hause?"

„Mir ist voll schlecht", stöhnte ich. Die Musik wummerte mir unangenehm in den Bauch hinein.

„Du solltest weniger saufen", kommentierte Lauritz trocken. Ich zuckte mit den Achseln.

„Nur Vollidioten lassen sich dauernd volllaufen", meinte Lauritz streng, als er mich auf die Straße begleitete.

Ich nickte benommen und machte mich auf den Heimweg, während Lauritz kopfschüttelnd zurück in Devils Keller ging.

Zu Hause erwartete mich aufgeregt und besorgt meine Mutter. Auch Lennart war noch hellwach. Er lag immer noch mit einem dicken Schal um den Hals auf dem Sofa und schaute ein Video. Neben ihm auf dem Tisch lag eine angebrochene Packung Salzstangen, aus der er sich hin und wieder bediente. Ich nahm sie ihm weg.

„Hey, das sind meine!", beschwerte sich Lennart. Seine Stimme klang wie ein Reibeisen. Ich beachtete ihn nicht und stopfte mir den Mund voll. Mein leerer, angeschlagener Magen knurrte wie verrückt.

„Ben, was soll das?", protestierte meine Mutter.

„Ich hab Hunger, ist das ein Verbrechen?", versetzte ich verärgert und warf die Packung zurück auf den Tisch, von wo sie auf den Fußboden hinunterfiel. Salzstangenteile und Salzkörner krümelten über den Boden.

„Ben!" Meine Mutter packte mich am Arm.

„Lasst mich doch alle in Ruhe!", schnaubte ich wütend und merkte gerade noch rechtzeitig, dass ich mich ein zweites Mal übergeben musste. Ich stürzte ins Badezimmer und erbrach mich dort eine halbe Ewigkeit lang. Wie konnte man von ein paar Salzstangen bloß so lange spucken müssen? Mein Bauch tat so weh, dass ich mich zusammenkrümmen musste, und über mein Gesicht lief Schweiß. Meine Mutter war mir ins Bad gefolgt. Warum ließ sie mich bloß nicht in Ruhe?

Schließlich hatte sich mein Magen halbwegs beruhigt. Ich lehnte am Waschbecken und starrte erschöpft in mein blasses Gesicht im Spiegel. Meine Augen waren rot und sahen fast so aus, als hätte ich geweint.

Verdammt, Ben Krischka!, schoss es mir durch den Kopf. Du bist immer noch ein ziemliches Weichei! Ein bisschen Alkohol und du kippst aus den Latschen wie ein Säugling. Peinlich! Aber das passiert dir so schnell nicht mehr, ganz klar! Das schwöre ich dir!

„Ich verbiete dir so viel zu trinken, Ben", sagte meine Mutter in diesem Moment und legte ihre Hand auf meine Schulter. Ihre Stimme klang eher besorgt als böse.

„Das ist meine Sache."

„Oh nein! Immerhin bist du grade erst 16 geworden."

„Die anderen trinken auch …"

„Welche anderen?"

Ich fuhr herum. „Na, die anderen eben. Alle."

Ich wollte in mein Zimmer gehen, aber meine Mutter versperrte mir den Weg. „Du hast dich sehr verändert in den letzten Wochen", sagte sie leise.

„Blödsinn."

„Und es ist nicht das erste Mal, dass du zu viel getrunken hast."

„Lass mich in Ruhe", murmelte ich düster. „Mir ist immer noch übel, ich will ins Bett."

„So kann das nicht weitergehen", fuhr meine Mutter fort, mit einer Stimme, die mir wohl zeigen sollte, wer hier das Sagen hatte. „Ich erkenne dich gar nicht wieder."

Ich guckte sie gereizt an und wartete ab. Irgendwann musste sie schließlich fertig sein mit ihrer sorgenvollen Predigt.

„Ich werde mir mehr Zeit für dich nehmen, Ben. Wir könnten mal wieder ins Kino gehen, wenn du Lust hast."

„Ich verzichte", brummte ich und trat ungeduldig von einem Bein aufs andere. Meine Mutter schaute mich niedergeschlagen an, aber das ließ mich kalt. Verdammt, einen kurzen Moment lang sehnte ich mich tatsächlich nach der Zeit zurück, als ich noch jünger gewesen war. Damals war alles viel einfacher gewesen. Damals, als wir noch eine richtige Familie waren, vor ungefähr tausend Jahren …

„Du, ich möchte jetzt wirklich ins Bett", sagte ich mit angestrengter Ruhe.

„In Ordnung, Ben."

Ich atmete auf und stolperte aus dem Bad. Meine Mutter folgte mir. Vor meiner Zimmertür nahm sie plötzlich mein Gesicht zwischen ihre Hände und küsste mich, wie früher, auf die Wange. Ich fand es weder angenehm, noch unangenehm. Es rührte sich einfach gar nichts in mir. Ich fühlte mich mir selbst fremd. Aber ich nahm mir fest vor mit der Sauferei aufzuhören.

19

Es war kurz vor den Weihnachtsferien. In der Schule war nichts mehr los. Es wurde den ganzen Tag einfach nicht richtig hell. Wir dämmerten bei ständig eingeschaltetem Deckenlicht in den Klassenräumen vor uns hin. Pausenlos peitschte der Regen gegen die hohen Fenster.

Sven kam vor der Deutschstunde zu mir und versuchte mir schonend beizubringen, dass unsere Band ab sofort ohne mich weitermachen würde. Unsere Band! An meiner Stelle spielte jetzt Paul Merian aus der 10b die E-Gitarre. Paul war ein Freund von Kalli und sah mindestens so heruntergekommen aus wie Kalli selbst. Ich hockte mit zusammengepressten Lippen da und starrte vor mich hin.

„Tut mir echt leid, Big Ben. Aber deine ständige miese Laune seit den Sommerferien ist allen ziemlich auf die Nerven gegangen."

Ich schwieg weiter beharrlich.

„Und dann auch noch deine Freundschaft mit Lauritz."

„Ja, und?"

„Dass du mit so einem Typen befreundet bist …"

„Was soll das? Monster ist in Ordnung", sagte ich verärgert und merkte, dass ich nicht in der Stimmung war für so eine blöde Diskussion.

„Na, hör mal, Ben! Er hat Sam ,Judensau' genannt!"

Wir schwiegen beide einen Moment, die Sekunden glitten dahin.

„Und?", fragte ich schließlich schroff.

Sven sah mich erschrocken an. Dieser blöde, lange, dünne, besserwisserische Siegertyp.

„Wie meinst du das?", fragte er und seine Stimme vibrierte.

Ich zuckte mit den Achseln. „Na, er ist doch auch eine Judensau. Oder etwa nicht?"

Sven drehte sich um und ging wortlos davon. Ich hielt Ausschau nach Lauritz.

Kurz danach passierte die Sache mit der Basketballmannschaft. Ich begriff selbst nicht, warum mich das so furchtbar verletzte. Dabei hatte ich doch geglaubt, dass ich jetzt, wo Lauritz und Gonzo meine Freunde waren, nicht mehr so leicht kleinzukriegen war.

Ich hatte immer gerne Basketball gespielt, und ziemlich gut. Eine Zeit lang war ich sogar in einem richtig guten Basketballverein gewesen. Als dieser geschlossen wurde, begnügte ich mich damit, ab und zu im Sportunterricht mit perfekten Korbwürfen zu glänzen. Ich war der unangefochtene Basketballkapitän unserer Klasse! Seit Anfang dieses Schuljahres war Herr Jakob unser Sportlehrer – und er wollte mich für die Schulmannschaft haben.

„Du bist wirklich gut, Ben. Ich habe deine Technik beobachtet."

Ich grinste erfreut und verlegen.

„Ich könnte mir dich in der Schulmannschaft vorstellen. Da kannst du allen zeigen, was in dir steckt."

„Ich weiß nicht", sagte ich unsicher.

Bald danach fing Herr Jakob mich nach dem Konditionstraining ab. Ich stand verschwitzt im Umkleideraum und war gerade dabei, meine Sportsachen in meiner Tasche zu verstauen.

„Am Freitag ist der große Tag, Ben", sagte er. Ich wusste nicht, wovon er redete. An die Sache mit der Schulmannschaft hatte ich überhaupt nicht mehr gedacht.

„Wir brauchen dringend einen neuen Spieler für unsere Basketballmannschaft."

„Mitten im Schuljahr?", fragte ich verblüfft.

„Ja, einer unserer Spieler ist weggezogen." Herr Jakob blätterte in seiner Mannschaftsliste. Dann erklärte er mir, dass am Freitag ein lockeres Freundschaftsspiel gegen eine andere Schule stattfinde, bei dem ich die Mannschaft von meinen Qualitäten überzeugen könnte.

„Und dann bist du drin!", sagte er abschließend und zwinkerte mir zu.

„Okay", sagte ich langsam und fing an mich zu freuen.

Pfeifend zog ich mich um und nahm mir vor, am Freitag perfekt zu spielen. Aber das war noch nicht alles. Ich beschloss außerdem die Sache mit Pia in Angriff zu nehmen.

Genau genommen war das Leben ja doch nicht so übel.

Am Freitag schneite es. Ich öffnete mein Fenster und lächelte in den Himmel hinauf. Um kurz vor acht machte ich mich auf den Weg zur Schule. Dabei kickte ich einen Stein vor mir her, bis zu unserem Bungalow. Alle zehnten Klassen waren hier untergebracht, Wand an Wand an Wand.

Ich nickte Lene kurz zu, die anderen ignorierte ich – und sie ignorierten mich. Bloß Yüksel lächelte vorsichtig in meine Richtung, aber ich schaute starr an ihr vorbei.

Lauritz war nirgends zu sehen. Ich runzelte die Stirn, denn ich fand es überhaupt nicht gut, dass er dauernd blaumachte.

„Wo ist Lauritz?", fragte Herr Keller mich. Ich hob schweigend die Schultern.

„Es steht nicht sehr gut für deinen Freund", erklärte mein Klassenlehrer. Ich erwiderte nichts.

Vor der großen Pause wollte Herr Keller mich nicht gehen lassen. „Ich möchte kurz mit dir reden, Ben", bat er mich mit seiner leisen, sanften Art, die ich nicht leiden konnte.

„Was gibt's denn?", fragte ich wenig begeistert und blieb stehen.

„Hat Lauritz dir eigentlich erzählt, warum er an unsere Schule gekommen ist, mitten im Schuljahr?"

Ich schüttelte den Kopf.

„Er hatte Riesenärger an seiner alten Schule."

„Aha." Ich sah meinen Klassenlehrer nicht an, stattdessen blickte ich aus dem Fenster. Verdammt, der Schnee schmolz schon wieder. Statt der Schneeflocken fielen jetzt dicke Regentropfen vom schiefergrauen Himmel.

„Lauritz hat eine Menge Probleme, Ben. Er kommt nicht gut mit sich selbst zurecht. Er ist unsicher und findet seinen Weg nicht …"

Was redete der Keller da nur wieder für einen Blödsinn? Das war ja nicht zum Aushalten!

„Kann ich jetzt gehen?", murmelte ich ungeduldig und schlüpfte in meine Jacke.

„Ich bin noch nicht ganz fertig, Ben."

Ich seufzte und machte es einfach wie mit meinem Vater, wenn er mir einen seiner Monologe hielt: Ich ließ ihn plappern und schaltete auf Durchzug. Ein paar Worte drangen dennoch an mein Ohr. Hier ging es nicht um Hermann Hesses *Steppenwolf* oder Max Frischs *Homo faber*. Es ging um Skinheads, Ausländerfeindlichkeit und die NPD. Ich gähnte demonstrativ und trat unruhig von einem Bein aufs andere.

„Herr Keller, ich muss pinkeln", sagte ich, als ich sein Gerede nicht mehr aushielt. Ich drehte mich um und verließ den Klassenraum.

Der Rest des Vormittags zog sich zäh dahin. Frau Grün holte mich in Bio an die Tafel und verpasste mir eine miese Note, weil ich nicht wusste, wie ich irgendwelche Lungenbläschen malen sollte. Ich nahm es achselzuckend hin und ging aufreizend langsam zurück zu meinem Platz.

„Du hast nachgelassen in diesem Schuljahr", sagte Frau Grün nachdenklich und warf einen vielsagenden Blick auf Lauritz' leeren Stuhl. Ich zuckte wieder nur mit den Achseln.

„Big Ben ist jetzt eben anderweitig beschäftigt", stichelte Daniel. Ein paar Mitschüler lachten. In diesem Moment kreuzte sich mein Blick mit dem von Sam. Er lachte nicht mit, stattdessen sah er mich mit unergründlichem

Gesichtsausdruck unverwandt an. Da kritzelte ich es mit Kugelschreiber auf meinen Tisch: *Judenarsch*. Zufrieden starrte ich eine Weile auf das hingeschmierte Wort.

Als kurz darauf Frau Grün an meinem Tisch vorüberging, legte ich meine Hand darauf. Ich wollte keinen Streit provozieren. Jetzt noch nicht ... Still lächelte ich vor mich hin.

Endlich war die Schule aus! Nur die Basketballspieler blieben freitags länger, denn in der siebten und achten Stunde war Training der Schulmannschaft. Ich zog mich mit den anderen um und versuchte mich locker zu geben.

„Bist du der Neue, der heute mitspielt?", fragte mich ein Schüler aus der Oberstufe.

Ich nickte und zog mir mein T-Shirt über den Kopf.

„Ich dachte, der Neue wäre Mustafa aus der 10c", wunderte sich ein anderer Oberstufenschüler.

Ich legte verwirrt die Stirn in Falten. Die Sache klärte sich ziemlich rasch, als wir auf dem Weg in die Halle waren und Herr Jakob aufkreuzte. Ihm folgte ein großer, schwarzhaariger Junge, den ich vom Schulhof kannte. Dieser Türke war ein Cousin von Yüksel. Ich wusste von ihr, dass er ein Ass in Physik war. Und dass er gut Saxofon spielte. Und dass eine Menge Mädchen ihn gut aussehend fanden. Sein Deutsch war, anders als bei Yüksel, absolut nicht perfekt, schon gar nicht schriftlich, aber einige unserer Multikulti-Lehrer schwärmten von seiner Intelligenz und stopften ihren ganzen Ehrgeiz in ihn hinein. Damit nicht genug, spielte er obendrein im Schulorchester und in der Theater-AG mit.

„Mustafa macht heute auch mit", verkündete mein Sportlehrer ohne weitere Erklärung. Mustafa betrachtete mich unsicher und nickte mir dann zögernd zu. Ich drehte ihm den Rücken zu und schnürte meine Schuhe fester.

„Weshalb macht dieser … ähm … *der* auch mit?", fragte ich schließlich leise Herrn Jakob, als Mustafa außer Hörweite war.

Herr Jakob zuckte unwillig mit den Achseln. „Die Schulleitung hat mich darum gebeten, mehr weiß ich auch nicht."

„Heißt das, ich oder er?"

„Darauf läuft es wohl hinaus, Ben."

„Warum mischt sich die Schulleitung da ein?", fragte ich fassungslos.

„Mustafa hat wohl um eine Chance gebeten."

„Wie, darum gebeten? So ein Großkotz!", schimpfte ich und dachte an meine perfekte Wurftechnik und an die vergangenen gewonnenen Spiele, bei denen ich immer die meisten Treffer erzielt hatte.

„Na, warte!", murmelte ich und setzte mich langsam in Trab, um mich warmzulaufen.

Das Spiel lief gut. Ich spielte in der einen Mannschaft und Mustafa in der anderen. Ich funktionierte wie ein Roboter: Jeder Schritt, den ich machte, saß perfekt. Geschickt warf und fing ich die Bälle und verständigte mich ohne viele Worte mit den anderen Spielern in meiner Mannschaft.

Mustafa schien trotzdem ziemlich vergnügt. Keine Frage, er nahm das Spiel lockerer als ich. Einmal, als mir ein besonders guter Wurf gelang, nickte er mir sogar anerkennend zu.

„He, das war gut! Du bist ein wirklich guter Spieler", rief er quer über das Spielfeld.

Ich sah eiskalt durch ihn hindurch und fühlte mich 100-prozentig überlegen:

Siehst du, du blöder Türke! Bleib du mal bei deinem bescheuerten Saxofon und verschimmle im Schulorchester. Mitsamt deinem dämlichen Grinsen! Sei froh, dass du überhaupt auf ein deutsches Gymnasium gehen darfst. Basketball ist jedenfalls nicht deine Sache!

Wir gewannen! Nicht gerade haushoch, aber wir gewannen – und eine Menge Korbwürfe gingen auf mein Konto.

„Mal sehen, wie es ausgeht, was?", sagte Mustafa im Umkleideraum zu mir und war noch ein bisschen atemlos. Er wühlte eine zerbeulte Thermoskanne aus seiner Sporttasche und trank ein paar winzige Schlucke.

„Jaja", murmelte ich. Ich fand Mustafa nur lächerlich. Hatte er nicht bemerkt, wie souverän ich gespielt hatte? Ganz zu schweigen von meinen erfolgreichen Korbwürfen …

„Hast du auch Durst?" Mustafa hielt mir die Flasche entgegen.

„Nee, trink deine Türkenpisse mal alleine!" Ich wandte mich angewidert ab.

„Dann eben nicht!", sagte Mustafa gekränkt und drehte sich ebenfalls weg. Ihm war wohl der Durst vergangen. Jedenfalls schraubte er die Flasche langsam zu, stopfte sie zurück in seine Tasche und sagte nichts mehr.

„He, ihr zwei!", rief in diesem Moment ein rothaariger Typ, der eben aus der Dusche geschlendert kam und schon im Abi-Jahrgang war. „Ihr wart beide ziemlich gut." Es klang anerkennend und ich fühlte mich wohl, obwohl es mich zugleich ärgerte, in einem Atemzug mit Mustafa genannt zu werden.

Aber dann passierte das, was diesen verdammten Freitag im Dezember für mich unvergesslich machte: Herr Jakob kam langsam auf mich zu – und mit ihm Björn, der Mannschaftskapitän unserer Schulmannschaft. Sie drucksten ein bisschen herum und murmelten etwas von schwieriger Entscheidung. Björn mäkelte an meiner Spieltechnik herum. Ich hielt ungläubig den Atem an. Schließlich hatte ich genug gehört. Ich wartete die klare Absage der beiden gar nicht mehr ab, sondern griff maßlos enttäuscht nach meiner Sporttasche und machte mich wütend aus dem Staub. Mir war schwarz vor Augen.

Mustafa war der Sieger! Wie das passieren konnte, blieb mir ein Rätsel. Ich zitterte vor Enttäuschung, vor allem aber vor blinder Wut. Dieser verdammte Dreckstürke!

20

Ich verkroch mich in mein Zimmer, zog die Vorhänge zu und hasste die ganze Welt. Nachdem ich eine halbe Ewigkeit nicht mehr herausgekommen war, klopfte meine Mutter zaghaft an die Tür. „Was ist denn los, Ben?", fragte sie von draußen. „Ich mache mir Sorgen", sagte sie leise, aber als ich nicht antwortete, ließ sie mich endlich in Ruhe.

Ich wühlte gereizt Lauritz' selbst gebrannte CD hervor und flutete mein dämmriges Zimmer mit seiner Musik. Diese aggressiven, hämmernden Bässe waren jetzt genau das Richtige!

Er liebt den Krieg und liebt die Gewalt, und bist du sein Feind, dann macht er dich kalt …

Langsam richtete ich mich auf und spannte meinen Körper an. Das tat gut! Ich fühlte meine Muskeln und die Kraft, die in mir steckte: Ich bin groß und stark. Ich bin ICH. Ich bin stolz, dass es mich gibt. Ich bin stolz privilegiert zu sein. Ich bin ein Deutscher. Und stolz darauf. So wie Monster. Und wie Gonzo. Und vor allem so wie Devil. Gegen den kommt keiner an! Der kann aufräumen in unserem Land. Der macht sie platt, all diese beschissenen Schmarotzer. Türken wie Mustafa. Und Jammerlappen wie meinen Klassenlehrer. Und meine nervigen Eltern. Und Sam, den überheblichen Judenstreber, der sich einbildet, dass er jedes Mädchen kriegt.

Devil macht den Leuten Angst. Es macht Spaß zu sehen, wie die Leute Panik bekommen, wenn er bloß die Straße entlanggeht ...

Ich fühlte mich nicht nur besser, ich fühlte mich richtig gut. So traute ich mir zu, wenigstens mein zweites großes Vorhaben in die Tat umzusetzen: Pia für mich zu gewinnen.

Pfeifend schlenderte ich durch die Kälte. So kurz vor Weihnachten waren alle Viertel, alle Straßen in der ganzen Stadt geschmückt. Überall leuchtete, glänzte und blinkte es.

Ich stieg in den dämmrigen U-Bahn-Schacht hinunter und fuhr ein Stück mit der Bahn, den Rest der Strecke legte ich zu Fuß zurück. Ich war kein bisschen verfroren, als ich das Viertel, in dem Pia wohnte, erreichte. Eher ein bisschen außer Atem, denn das letzte Stück der Strecke war ich gejoggt.

Ich blinzelte in den weißen Himmel und schloss dann die Augen. Dünne, kalte Schneeflocken fielen mir ins Gesicht. Das fühlte sich gut an. Ich kostete es eine halbe Ewigkeit lang aus. Die Schneeflocken schmolzen auf meinem Gesicht zu Wasser. Ich wischte sie nicht weg. Wie kalte Tränen, so fühlte es sich an.

Das Leben war nicht schlecht, wenn man es nur richtig anpackte. Vielleicht fand ich ihn ja doch noch, meinen Traumwald.

Dann bog ich in die Kastanienallee ein und fand das Haus, nach dem ich suchte. Hier wohnte also Pia. Endlich hatte ich den Mut aufgebracht, sie zu besuchen.

Ehe ich es mir anders überlegte, drückte ich eilig auf den Klingelknopf. Oben stand Pia im Türrahmen.

„Hallo, Pia!", rief ich ihr schon auf halber Treppe zu.

„Oh, hallo, Ben, was machst *du* denn hier?"

Ich wurde ein bisschen verlegen, Pia hatte so etwas im Blick, das mich unsicher machte und aus dem Konzept brachte.

„Ich war gerade zufällig in der Nähe … und da dachte ich …" Ich stockte unsicher. Warum war ich nur so ein unglaublicher Trottel? „Hast du … hast du – ein bisschen Zeit?" Mir lief es kalt den Rücken hinunter vor Nervosität.

„Klar", sagte Pia und ließ mich herein. Im Wohnzimmer saßen ihre Eltern. Ich erkannte ihren Vater sofort wieder: Mein Opa hatte ihn mir auf seinem Kameradschaftstreffen in Wilhelmsburg als den Jugendsportvereinsleiter Josef vorgestellt. Was für ein verrückter Zufall, dass er Pias Vater war! Ich lächelte ihn nervös an. Er lächelte freundlich zurück und reichte mir die Hand. Pia schob mich in ihr Zimmer und ich hatte sie endlich für mich allein. Wir setzten uns einander gegenüber und sie musterte mich von oben bis unten. Tapfer hielt ich ihrem Blick stand.

„Du bist irgendwie total anders als andere Jungs", meinte Pia schließlich.

Ich schluckte. „Wie meinst du das?", fragte ich verlegen.

„Irgendwie bist du so ein Träumer."

Ich schwieg. Was sollte ich dazu auch sagen?

„Du hast mir doch von deinem Traumwald erzählt", fuhr Pia fort. Ich schluckte. Hätte ich doch bloß meinen Mund gehalten, damals, in dieser Nacht, die mit Pias sanften Küssen geendet hatte.

„Das war doch bloß so eine Idee von mir", sagte ich leiser als ich wollte und fühlte mich ziemlich mies dabei.

„Mir hat sie eigentlich ganz gut gefallen." Pia lächelte und strich mit ihrem Zeigefinger sanft über meine Wange. Wir küssten uns vorsichtig. Diesmal fühlte ich mich gut, weil es Pia anscheinend gefiel. Ich wurde immer erregter, aber sie schob meine Finger jedes Mal zur Seite, wenn ich versuchte, sie unter ihren Pulli zu schieben. „Lass das bitte!", sagte sie entschieden.

„Warum denn?" Wir schauten uns an und ich spürte Pias Atem warm in meinem Gesicht.

„Weil ich so was nicht mache … Ich schlaf nicht einfach so mit einem Jungen."

Ich schluckte und spürte, wie ich rot wurde. „Das hatte ich ja gar nicht vor", behauptete ich und guckte dabei die Wand an.

„Du, ich mag dich wirklich, aber …", erklärte Pia leise.

„Schon gut", unterbrach ich sie, „das ist doch schon mal was!"

Plötzlich musste ich an Lene denken: Verdammt, Lene, warum hast du mich bloß immer übersehen, wenn es drauf ankam? Warum war dir erst Sven und dann dieser blöde Sam lieber als ich?

„Wollen wir vielleicht noch ins Kino?", fragte ich Pia, nur um überhaupt was zu sagen.

„Ich gehe so spät nicht weg", antwortete sie.

„Es ist doch erst halb acht."

„Trotzdem."

„Darfst du abends nicht raus?", fragte ich verwundert.

„Ich geh eigentlich immer nur mit meinem Bruder weg", erklärte Pia. „Und mit seinen Freunden. Aber bloß am Wochenende."

Das nahm ich hin. Schließlich war es wirklich nicht ungefährlich nachts, vor allem für Mädchen. So was stand ja auch fast täglich in der Zeitung: Überfälle, Vergewaltigungen und manchmal sogar Morde, und meistens begangen von irgendwelchen aggressiven Ausländern, die sich nicht an unsere Gesetze hielten.

„Okay, dann komm ich eben morgen wieder, wenn du willst", lenkte ich ein und legte meine Hände um Pias Gesicht.

„Ja, mach das." Sie lächelte mich an.

„Magst du mich, Pia?"

„Ja, ich mag dich."

Ich schlüpfte in meine Jacke und machte mich glücklich auf den Heimweg.

21

Am nächsten Tag war wunderschönes Wetter. Meine Mutter wollte am Abend mit einer Freundin ausgehen und Lennart übernachtete bei einem Klassenkameraden.

Ich war hochzufrieden und beschloss Lauritz einzuladen – und Devil, falls ich mich trauen würde ihn anzurufen.

Aber nachmittags besuchte ich erst einmal Pia. Sie war nicht allein, sondern schaute mit ihrem Bruder im Wohnzimmer eine DVD.

„Hallo, Ben", sagte sie und ließ sich von mir zur Begrüßung küssen.

„Hi, ich bin Falk", sagte Pias Bruder und schüttelte kräftig meine Hand. Er sah echt gut aus, erwachsen und ziemlich cool mit seinen kurzen, blonden Haaren.

„Was guckt ihr da?", fragte ich und setzte mich auf den Teppichboden.

„Ben Hur", sagte Falk knapp. Ich zog die Knie an, legte meinen Kopf drauf und schaute mit. Ab und zu döste ich fast ein bisschen ein. Mit halb geschlossenen Augen hing ich meinen Gedanken nach. Das war angenehm und ich war zum ersten Mal seit langer Zeit richtig zufrieden mit mir. Pia setzte sich neben mich und ich schob meine Hand unter ihre und rückte näher an sie heran.

„He, drängel doch nicht so!", protestierte Pia.

„'tschuldigung", murmelte ich, blieb aber, wo ich war.

Falk schaute zu uns hinüber und runzelte die Stirn. „Pia, ist noch Bier in der Küche?", fragte er.

„Ich glaube schon", antwortete Pia.

„Bist du ein Schatz und holst mir eins?"

„Klar", sagte Pia prompt und verschwand Richtung Küche. Sie kam mit zwei Bierdosen wieder und gab mir eine davon.

„Danke", sagte ich und trank Bier, obwohl ich mir lieber eine Cola mit Pia geteilt hätte. Aber Pia trank ihre Cola ohne mich und saß jetzt ein ganzes Stück weiter weg von mir.

Der Film war endlich zu Ende und Falk stand auf. Ich hoffte, er würde jetzt endlich gehen.

Falk gähnte und streckte sich. „Ich geh jetzt trainieren", informierte er uns.

„Okay", sagte Pia.

„Bleibt er noch?", fragte Falk und wies auf mich.

„Ich denke schon."

Falk schaute mich nachdenklich an. Ich lächelte unsicher und spürte meinen Herzschlag im ganzen Körper, während Falk zur Tür ging.

„Ist das übrigens der Träumer, von dem du mir neulich erzählt hast?", fragte er, schon mit der Hand auf der Türklinke.

Pia schmiss ihm ein Kissen hinterher. „Dir kann man aber auch gar nichts anvertrauen", lachte sie dazu.

Dann waren wir allein. Regentropfen trommelten gegen die Fensterscheibe. „Wollen wir in dein Zimmer gehen?", fragte ich.

„Lass uns lieber hierbleiben, Ben."

„Warum?", fragte ich.

„Ich finde es gemütlich hier", sagte Pia und blieb sitzen.

„Ach ja?" Ich schaute mich um. Das Wohnzimmer, in dem wir saßen, war kreuzbieder und sehr aufgeräumt.

„Du nicht?"

„Bei mir zu Hause sieht's ganz anders aus."

„Wie denn?"

Ich dachte nach. „Chaotischer", sagte ich dann.

„Gefällt dir das?"

„Ich bin dran gewöhnt", erwiderte ich nachdenklich. „Ein paarmal habe ich versucht aufzuräumen, aber meine Mutter steht auf Chaos."

„Echt?"

„Ja, sie kriegt einen Anfall, wenn es um sie herum zu aufgeräumt ist."

„Warum denn das?"

Ich zuckte verlegen mit den Achseln. „Sie nennt es ‚steril' – und sie mag es nicht steril."

Pia machte große Augen.

„Sie ist eben ein hoffnungsloser Fall", sagte ich. „Und sie behauptet, Chaos fördert die Kreativität."

Pia tippte sich an die Stirn und schaute sich zufrieden um. „Ich mag Unordnung nicht besonders", sagte sie.

„Warum nicht?"

„Ach, ich war mal in Griechenland", erklärte Pia, „und da war es überall dreckig und chaotisch und es hat gestunken … Das war echt widerlich."

Ich schaute sie überrascht an. Pia schüttelte sich. „Und in der Türkei ist es auch überall so dreckig, auf den Straßen, in den Parks, sogar in richtigen Geschäften ist es ungepflegt und schmutzig."

„Ich war mal in Kroatien", erzählte ich, nur um auch etwas zu sagen. „Da haben wir in einem total verdreckten Hotel direkt an der Adria gewohnt, echt der Hammer! Ich hatte die ganze Zeit Panik, mir irgendeine Krankheit zu holen." Auf einmal fühlte sich mein Kopf an, als sei er mit Watte angefüllt. Ich hörte meine eigenen Worte wie durch dicken, schweren Nebel. Was redete ich da nur? Wir hatten damals in einem schönen, kleinen Hotel direkt am Meer gewohnt und die Menschen waren alle supernett gewesen. Mit einigen kroatischen Jungen war ich jeden Abend am Strand gewesen. Aber das gehörte nicht hierher, das war nicht mehr wichtig.

„Ich mag sowieso keine Ausländer", sagte Pia entschieden. „Und darum mag ich auch kein Chaos und keinen Dreck. Da muss ich immer an diese Kanaken denken, die sich überall in unserem Land einnisten."

Ich nickte und rückte wieder etwas näher an Pia heran.

„Scheißkanaken", hörte ich mich sagen und lauschte dem metallischen Klang meiner Stimme.

„Scheißkanaken", bekräftigte Pia und kuschelte sich eng an mich.

Gegen acht Uhr brach ich auf.

„Soll ich wirklich gehen?", fragte ich Pia an der Tür.

Sie nickte.

„Warum?"

„Ich hab noch was vor."

„Was denn?"

„Sei nicht so neugierig."

„Triffst du dich mit einem anderen Jungen?"

Pia tippte mir mit ihrem Zeigefinger gegen die Stirn.

„Dann sag doch, wohin du gehst."

„Ich treffe mich mit ein paar Freunden."

„Kann ich nicht mitkommen?", beharrte ich.

Pia lächelte. „Ein andermal vielleicht."

Und dabei blieb sie.

Ich war spät dran. Wenn ich heute noch was mit Lauritz machen wollte, musste ich mich beeilen, sonst war er weg. Also rannte ich durch die nassen Straßen bis zu dem Haus, in dem Lauritz wohnte. Es war eines dieser typischen Einfamilien-Reihenhäuser und stand dicht gedrängt zwischen lauter anderen gleichförmigen Reihenhäusern. Lauritz war noch zu Hause, er winkte mir vom Fenster aus zu, als ob er mich erwartet hätte.

„Hi, Monster!", rief ich gut gelaunt.

„Komm rein, Ben", sagte Lauritz. „Wir können gleich los." Seine Mutter war auch zu Hause. „Du willst noch mal weg, Lauritz?", fragte sie wenig begeistert.

„Allerdings", sagte Lauritz knapp.

„Aber morgen ist Schule …"

„Na und?" Lauritz stieg in seine Springerstiefel und band sie zu.

„Denk doch an den Ärger an deiner letzten Schule", hakte seine Mutter nach. „Soll sich das ganze Theater wiederholen?"

„Ist mir egal", brummte Lauritz und steckte sein Handy ein.

„Lauritz, bitte!", rief seine Mutter uns nach, aber wir waren schon längst in der Tür.

Es war kalt draußen. Kalt und glasklar. Lauritz zog sich am Automaten Zigaretten und kaufte am Kiosk eine Flasche Apfelkorn.

„Da – trink!", sagte er und drückte mir die Flasche in die Hand. Ich trank und mir wurde angenehm warm im Bauch.

Wir gingen zur U-Bahn und fuhren in die Stadt. Vor dem Programmkino am Rathaus standen eine Menge Leute.

„Guck mal, wer da alles rumhängt", knurrte Lauritz verächtlich. Ich ließ meine Blicke schweifen: Lene war da und natürlich Sam, außerdem Daniel mit Sarah an der Hand – und Moritz mit seiner neuen Freundin. Und Yüksel mit ihrem Cousin Mustafa als Aufpasser an ihrer Seite. Wir schlenderten näher.

„'n Abend, die Herrschaften", rief Lauritz und grinste. Keiner von den anderen erwiderte ein Wort.

„Hallo, Ben", sagte bloß Moritz schließlich zögernd. Niemand schloss sich seinem Gruß an. Das ärgerte mich. „Was glotzt ihr uns so an?", fauchte ich.

„Mensch, Ben!", sagte Lene und schaute mich bestürzt an. Für einen Moment hatte ich das Gefühl, dass das Leben stillstand.

„Mach hier bloß keinen Ärger", warnte Daniel. „Wir haben genug von deiner neuen, miesen Art."

Ich war sprachlos. Was nahmen sich diese Trottel eigentlich heraus, zum Teufel? Lauritz kniff die Augen zusammen und guckte drohend in die Runde. Dann spuckte er auf den Boden, direkt vor Sams Füße. „Hauen wir ab", sagte er laut. „Diese Idioten können uns schließlich den Buckel runterrutschen."

„Ja, haut bloß ab!", rief Sam und schaute wütend zwischen mir und Lauritz und Lauritz' Spucke hin und her. „Solche Schwachköpfe wie euch können wir auch gar nicht gebrauchen!"

Da schlug Lauritz zu. Er schlug nicht mal fest, aber er traf Sam direkt in den Magen. Sam taumelte und fiel zu Boden.

„Das ist erst der Anfang, du Judensau", sagte Lauritz seelenruhig und steckte die Hände in die Hosentaschen. Sam rappelte sich langsam auf.

„Lauritz, das wird dir noch mal leidtun", sagte Lene erschrocken und schob ihre Hand in Sams. Sie war leichenblass im Gesicht. Auch Moritz war schneeweiß geworden. Ich sah, wie er die Hände zu Fäusten ballte – und ich sah auch, dass seine Fäuste zitterten.

„Verdammt, Ben", sagte er leise. Seine Stimme klang dünn, mickymausdünn. „Ist dieser beschissene Nazi jetzt wirklich dein Freund?" Ich antwortete nicht.

„Hör mal, Ben", fing nun auch Yüksel an, doch bevor sie weiterreden konnte, unterbrach ich sie warnend: „Halt besser die Klappe!"

„Wir haben uns doch früher mal gut verstanden", fuhr Yüksel fort und schaute mich bittend an.

„Lady, wo ist eigentlich dein Schleier?", fiel Lauritz ihr ins Wort. „Den tragt ihr doch wieder so gerne." Yüksel sagte dazu nichts. Sie kniff bloß erschrocken ihre dunklen Augen zusammen, weil Lauritz auf einmal ein Klappmesser gezückt hatte. „Wirklich, Türkenlady", fuhr er fort. „Ich hab doch erst vor Kurzem noch gelesen, dass ihr alle wieder freiwillig den Schleier nehmt, wenn euch Titten wachsen."

Ich lachte nervös.

Da drehte Sam plötzlich durch. „Haut ab, ihr Idioten!", brüllte er uns an. „Haut bloß ab, bevor es zu spät ist!"

„Na-zis raus!!!", schrien da plötzlich auch ein paar andere, Moritz war auch darunter, mit dünner Stimme und Zitterfäusten. Aber auch Leute, die vor dem Kino herumstanden und fanden, sie müssten sich einmischen. Lauritz lachte nur leise und ließ sein Messer wieder einschnappen.

„Komm, wir gehen, Ben", sagte er seelenruhig und spuckte noch einmal auf den Boden, diesmal genau vor Moritz. Dann schlenderten wir langsam davon.

Wir gingen zu mir. Es war schon ziemlich spät, als wir unser Haus erreichten. Im Hausflur begegnete uns Herr Eberlein, der Hausmeister. „Guten Abend, Krischka", sagte er ungewohnt freundlich.

„'n Abend, Herr Eberlein", grinste ich zurück und war froh darüber, dass der ewige Hausmeisterärger anscheinend vorüber war.

Oben gingen wir in mein Zimmer und beschlossen, ein paar DVDs zu gucken. Lauritz suchte sich zwei Actionfilme aus und wir schmissen uns bäuchlings auf mein ungemachtes Bett.

Es war schon weit nach Mitternacht, als meine Mutter nach Hause kam. Sie schaute in mein Zimmer und runzelte die Stirn, als sie Lauritz erkannte. „Es ist schon spät", sagte sie anstelle einer Begrüßung und stand wie ein Fels in meinem Zimmer.

„Na und?", brummte ich, ohne sie anzuschauen.

„Wie wär's, wenn du ein andermal wiederkommst, Lauritz?"

Lauritz gab keine Antwort und starrte unverwandt auf den flimmernden Bildschirm.

„Hallo! Ich rede mit euch", sagte meine Mutter auf ihre Ich-habe-hier-das-Sagen-Art.

„Ist es okay, wenn ich heut Nacht bei dir penne, Ben?", fragte Lauritz, als sei meine Mutter überhaupt nicht da.

„Nein, das ist nicht okay!", rief meine Mutter bestimmt.

„Klar ist das okay!", widersprach ich.

Da drehte meine Mutter sich um und verschwand ohne ein weiteres Wort.

„Prima", sagte Lauritz. Er lächelte.

Wir machten uns noch eine lange Nacht mit jeder Menge Alkohol und Lauritz' Zigaretten, die wir komplett aufrauchten. Dazu schauten wir einen Sexfilm an, den Lauritz zwischendurch unten an der Ecke aus dem 24-Stunden-DVD-Verleih besorgte. Ich war ziemlich aufgekratzt.

„Kennst du eigentlich Pia Neiße?", fragte ich irgendwann und richtete mich auf.

„Natürlich kenn ich Pia", antwortete Lauritz. „Das ist doch die Tochter vom Josef."

„Den kennst du auch?"

„Klar, der ist mein Trainer."

Jetzt war ich ehrlich überrumpelt. „Echt?"

„Wir trainieren doch alle bei ihm."

„Wer, alle?", fragte ich neugierig.

„Na, ich und Gonzo und Devil und Flipp – alle eben."

„Was macht ihr denn da so?" Jetzt war mein Interesse geweckt.

„Krafttraining", sagte Lauritz kurz angebunden. Der Sexfilm war zu Ende und er schaltete den DVD-Player aus.

„Ist das alles?", hakte ich nach.

„Nee, natürlich nicht", sagte Lauritz und grinste bedeutungsvoll von einem Ohr zum anderen.

„Mensch, jetzt sag schon!", rief ich ungeduldig. „Was macht ihr noch?"

„Karate, zum Beispiel. Und wir lernen schießen."

„Du kannst schießen?" Ich schnappte nach Luft.

„Ja, ich kann schießen", antwortete er, als sei das die normalste Sache der Welt.

„Ist ja irre!", sagte ich beeindruckt.

Lauritz schaute mich forschend an und ich schaute zurück. „Willst du vielleicht mal mitkommen?"

Ich nickte. Damit war die Sache für ihn geritzt.

22

Am Tag darauf schliefen wir eine halbe Ewigkeit. Meine Mutter ließ sich nicht blicken, sie schien schon früh aus dem Haus gegangen zu sein. Mir war es jedenfalls so, als hätte ich in aller Herrgottsfrühe die Wohnungstür ins Schloss fallen hören. Durch mein Fenster fielen breite Streifen Sonnenlicht. Irgendwann krochen sie bis in die Mitte des Zimmers.

„Bei euch ist es ziemlich chaotisch", meinte Lauritz, als er aus dem Bad kam.

„Hm", machte ich verlegen.

„Und ihr habt so komische Bilder an den Wänden. Dieses Foto im Flur mit den knutschenden Männern …"

Ich schwieg. Die beiden Männer auf dem Bild waren mein Onkel Markus und sein Freund. Die beiden waren schwul und schon so lange zusammen, wie ich zurückdenken konnte. Aber das erzählte ich Lauritz lieber nicht. Außerdem knutschten die beiden gar nicht, sondern saßen nur Stirn an Stirn da und schauten sich an.

„Weißt du was?", sagte Lauritz plötzlich, nachdem er eine Weile kritisch meine Haare betrachtet hatte. „Ich könnte dir doch deine blöden Haare abschneiden!"

Ich fuhr mir prüfend durch die Locken, die tatsächlich wieder ziemlich lang und wild geworden waren. „Okay", stimmte ich zu.

Lauritz folgte mir ins Bad.

Ich kramte unsere Badezimmerschere hervor, hockte mich auf den Klodeckel und Lauritz ging pfeifend ans Werk. Währenddessen guckte ich mir intensiv die Kacheln an der gegenüberliegenden Wand an. Weiße Kacheln und schwarze Kacheln, wie in einem französischen Bistro. Wenn ich die Augen weit genug nach links drehte, konnte ich Charlie Chaplin sehen. Charlie Chaplin mit Smoking und Melone, in einer schnörkeligen Uraltbadewanne. Solange ich mich erinnern konnte, hatte dieses Bild schon in unserem Bad gehangen. Es sah ziemlich mitgenommen aus und schlug eine Menge vergilbter Feuchtigkeitswellen.

Ich schloss gequält die Augen. Wie mir diese chaotische Wohnung auf die Nerven ging!

„Jetzt noch die Seiten", verkündete Lauritz.

Ich fuhr mir mit einer Hand prüfend über den Kopf. Das fühlte sich ungewohnt und kühl an. „He!", protestierte ich erschrocken. „Das wird ja fast kahl!"

„Ist doch super", lachte Lauritz und verlangte meinen Elektrorasierer.

„Wozu brauchst du *den* denn?"

„Perfektion ist alles, Ben!" Der Rasierer surrte eine ganze Weile gründlich um meine Ohren herum.

„Fertig!", rief Lauritz schließlich.

Ich stand auf und sah zögernd in den Spiegel.

„Nicht schlecht, was?", fragte er zufrieden. Ich schaute mich lange an. Ben Krischka im Spiegel schaute zurück –

und sah so gut aus wie noch nie zuvor! Ernst. Kantig. Und älter.

„Klasse", murmelte ich begeistert – und war ein Skinhead.

Als Lauritz nach Hause gegangen war, mistete ich mein Zimmer aus, stopfte alte Klamotten in Plastiktüten, sortierte zerfledderte Comichefte aus. Sogar *Asterix* kam in den Müll. Die Mülltonne im Hof füllte sich ganz allmählich mit meinen ausrangierten Sachen. Ich schmiss auch eine Menge Videos weg: *Rocky Horror Picture Show, Verrückt nach Mary, Dschungelbuch, Independence Day, Harry Potter.*

Ganz obendrauf warf ich meine alte E-Gitarre. Das Ding war genauso überflüssig geworden wie der andere Kram. Die Band existierte für mich nicht mehr. Diese Idioten hatten mich abserviert – und jetzt servierte ich sie ab, ein für allemal!

Es schneite, der Hof um mich herum war weiß geworden. Bloß meine Trampelspur zeichnete sich im Schnee ab, zwischen Hoftür und Mülltonne, der Mülltonne, in die ich meine Vergangenheit geworfen hatte.

Erleichtert ging ich schließlich nach oben und fühlte mich wohl in meinem halbleeren Zimmer. Ich kramte in meiner Jacke nach einer CD, die Lauritz mir gestern dagelassen hatte, und schob sie in meine Anlage. Die lauten Bässe wummerten mir in den Bauch und ich legte mich zufrieden auf mein Bett.

… in der Schule lernt man nur noch
über Deutschland zu fluchen.

Immer nur die Schuld bei uns und
niemals bei den Schuldigen suchen.
Doch nicht mit uns, denn bei uns zählen andere Werte,
wir sind stolz, denn wir glauben an Blut und Ehre,
glauben an BLUT UND EHRE …

Ich hörte meine Mutter nicht kommen. Sie stand plötzlich einfach da, mitten im Zimmer, und starrte mich voller Entsetzen an, mit schmalen, zusammengepressten Lippen. Ich blieb, wo ich war. Ganz ruhig war ich und schaute zurück, mit einem freundlichen Lächeln im Gesicht. Ich war wirklich friedfertig drauf in diesem Moment und wollte mich ganz sicher nicht schon wieder streiten.

„Wie siehst du denn aus, Ben?", hauchte meine Mutter, nachdem sie meine Anlage abgedreht hatte.

„Ich finde es gut."

„Du siehst furchtbar aus!" Das Zittern in ihrer Stimme ging mir auf die Nerven. Jetzt hatte sie es doch wieder geschafft, dass ich mich aufregte.

„Du musst mich ja nicht angucken."

„Ich will dich aber angucken, Ben."

Ich zuckte unwillig mit den Achseln. Schneeflocken tanzten vor dem Fenster, das sah schön aus. „Guck mal, es schneit", sagte ich.

„Ich hab Angst", war das Einzige, was meine Mutter darauf erwiderte. Dann nahm sie mit einem schnellen Griff die CD aus meiner Anlage und verließ das Zimmer. Ich schaute ihr hinterher und hörte, wie sie sich das Telefon schnappte, damit ins Wohnzimmer ging und die Tür hinter sich schloss. Mit einem Ruck riss ich mein Fenster auf und griff mit beiden Händen in die kalte Winterluft, Schneeflocken fangen. Das hatte ich schon immer gern gemacht! Dabei sang ich leise eines von den Liedern, die sie manchmal im *Paddy Go Easy* spielten.

... ja, eines Tages, da wacht ihr alle auf.
Rettet die Rasse, die man einst verkauft.
Ich weiß, in jedem Deutschen, da steckt ein Mann,
der das Verderben noch verhindern kann ...

Ich ging ins Wohnzimmer. Meine Mutter vermied es, mich anzusehen. Mir war das egal.

Lennart hingegen, der meiner Mutter hinterhergelaufen war, starrte mich unentwegt an, aber sogar er hielt diesmal seinen Mund. Mit zusammengebissenen Lippen schlich er um mich herum, als wäre ich eine Ladung gefährlicher Sprengstoff.

„Ich will meine CD zurückhaben", knurrte ich durch den dämmrigen Flur, aber ich bekam, wie erwartet, keine Antwort. „He, Mama!"

Nichts als Stille, nervöse, geladene Stille.

„Verdammter Saustall!", brüllte ich und machte mich davon. Keiner hielt mich auf.

23

Ich machte mich auf den Weg ins *Paddy Go Easy*. Mit Genugtuung stellte ich fest, dass die meisten Leute mir auswichen. Klar, schließlich war ich jetzt ein Skinhead. So jemanden kannten viele nur aus den Nachrichten.

Der Wind fuhr mir eisig über den kahlen Kopf. Ich schlug den Kragen meiner Jacke hoch und vergrub meine kalten Hände tief in den Jackentaschen. Ich trug eine schwarze Jeans und an den Füßen hatte ich von Lauritz geerbte Springerstiefel mit weißen Schnürsenkeln. Ich trat nach ein paar Tauben, die am Wegrand hockten. Sie flogen erschrocken auf und landeten ein paar Meter weiter schwerfällig auf der Erde.

„Mistviecher", knurrte ich und schlich mich erneut an die zerzausten Tiere heran. Den mickrigsten Vogel suchte ich mir aus und trat noch einmal zu. Und zack! Ich traf den Körper der Taube. Sie schien einen Augenblick benommen zu sein und trippelte dann ins Gebüsch. Ich trat erneut zu und sie flog davon.

Ich wanderte weiter und fühlte mich aufgedreht von meiner Macht und von dem Respekt, den mir alle entgegenbrachten, die mir begegneten.

Ein paar Straßen weiter schlenderten drei Jugendliche auf mich zu. Sie sahen südländisch aus, wahrscheinlich waren es Türken. Ich kniff wachsam die Augen zusammen.

„Guckt mal – ein Nazi!", sagte einer von ihnen, als sie direkt neben mir waren. Ich blieb breitbeinig stehen und fuhr mir mit einer Hand langsam über die Glatze. Die drei bauten sich um mich herum auf und traten von einem Fuß auf den anderen.

„Was hast du gesagt?", fragte ich schneidend.

„He, Nazi", sagte ein anderer von ihnen mit türkischem Akzent. „Pass bloß auf."

„Du drohst mir?", fragte ich und blickte die dunkle Straße entlang. Wir waren allein, weit und breit kein Mensch zu sehen. Ich fing an mich unwohl zu fühlen. Mein Herz schlug mir bis zum Hals und mein Mund wurde trocken.

„Wir mögen keine Typen wie dich", sagte der erste Türke und guckte finster.

„Dann geht doch zurück in euren türkischen Basar", schlug ich vor. Auf keinen Fall durften die drei merken, dass ich Angst hatte! Ich kassierte einen unvermittelten Schlag vor die Brust und fiel hin. Wie Sam gestern Abend auf dem Kinovorplatz.

„He, du Türkensau!", brüllte ich mit dem Mut der Verzweiflung. Als ich mich aufrichten wollte, stieß mich einer der drei in die Seite und packte mich an der Jacke. Ich sackte erneut in mich zusammen.

„Das genügt erstmal als Warnung!", zischte einer der drei. Damit ließen sie mich liegen und gingen langsam weiter. Ich zitterte, vor Furcht und Schmerz und vor Wut und Entsetzen über meine Niederlage. Das Pflaster war nass und kalt, trotzdem blieb ich auf der Erde liegen, bis die drei verschwunden waren. Dann schoss ich abrupt hoch. Ich rannte so schnell ich konnte, bis mir der Hals brannte und ich endlich atemlos das *Paddy Go Easy* erreichte. Bevor ich hineinging, wartete ich, bis ich mich einigermaßen beruhigt hatte, und klopfte den Schmutz von meiner Jeans.

Drinnen bestellte ich mir ein Bier, das ich in einem Zug hinunterschüttete. Ich fand die anderen, Gonzo und Lauritz und Flipp, der wieder seinen Hund dabeihatte. Hector lag ohne Leine vor dem Tresen und äugte argwöhnisch in die Runde. Irgendwann tauchte auch Devil auf. Er begrüßte ein paar Freunde, dann schlenderte er zielstrebig auf mich zu.

„Hey, Glatze", lachte er und rammte freundschaftlich seinen kahlen Schädel gegen meinen. Mir tanzten ein paar Sterne vor den Augen und ich taumelte ein wenig, aber ich grinste Devil an und freute mich, dass ich hierhergekommen war.

Es wurde spät an diesem Abend. Wieder trank ich eine Menge und mit jedem Glas verblasste die Schande meiner Niederlage gegen die drei Türken und wich der Überzeugung, dass ich mich heldenhaft gegen ihre Übermacht geschlagen hatte.

Ich guckte Hector zu, der mit seinen scharfen Zähnen das Bein eines Barhockers bearbeitete. Ab und zu spuckte er Holzsplitter aus. Ich überlegte, ob er das Ding wohl komplett durchnagen würde. Zuzutrauen war es ihm. Aber so weit kam es nicht.

„Auf geht's, Jungs!", rief Devil nämlich plötzlich dicht neben mir. Es war kurz vor eins. Er schlüpfte eilig in seine Lederjacke und kramte dabei aus seiner Tasche irgendein metallisches Ding hervor, das er sich über die rechte Hand schob. Ich versuchte zu erkennen, was es war, aber Devil schob seine Hand rasch zurück in seine Jackentasche.

„Los, Ben!", drängte auch Lauritz und zog mich am Ärmel.

„Wohin wollt ihr denn jetzt noch?", erkundigte ich mich müde und unterdrückte mühsam ein Gähnen. Die Luft im *Paddy Go Easy* schien plötzlich vor Anspannung zu vibrieren.

„Am Goetheplatz hocken ein paar Kanaken rum." Lauritz grinste mir verschwörerisch zu. Da ging ich mit.

24

Draußen war es kalt und es schneite ein bisschen. Wir trabten die Hauptstraße entlang. Devil, Rob, Lauritz und Gonzo liefen ein ganzes Stück vor mir. Müde und angetrunken wie ich war, musste ich mich ganz schön beeilen, um den Anschluss nicht zu verlieren. Flipp und Steffen waren dicht hinter mir und Hector bellte, angesteckt von der aufgeheizten Atmosphäre. Das trieb auch mich vorwärts, während mir eine kalte Gänsehaut über den Rücken kroch.

Der Goetheplatz schimmerte im schwachen Licht der Straßenlaternen. Ich kniff die Augen zusammen, um besser sehen zu können. Ein steinerner Goethe schaute uns streng und in Schnee gehüllt von seinem Denkmalsockel entgegen. Die wenigen Türken, die frierend vor dem Denkmal herumstanden, guckten entsetzt, als sie uns entdeckten. Unter ihnen waren auch ein paar von den *Down-under*-Punks. In unseren dunklen Klamotten und mit den schweren Springerstiefeln machten wir sicherlich einen furchterregenden Eindruck. Unsere entschlossenen Gesichter und der wütend bellende Hector taten ein Übriges.

„Verdammt, Nazis!", rief ein dürrer Punk mit grün gefärbten Stoppelhaaren.

„Verzieht euch!", rief einer der Türken, seine Stimme klang nervös. „Wir haben keinen Bock auf Zoff!"

Wir standen jetzt dicht voreinander, ein kleiner Halbkreis Türken, ein paar Punks und ein bedrohlicher Halbkreis Skinheads. Ich fühlte mich gut. Stark. Mächtig. Und wichtig.

Einer von den *Down unders* hatte ein Schmetterlingstattoo auf der linken Wange. In seinen Augen spiegelte sich Angst, nackte Angst. Ich musterte ihn verächtlich. Warum blieb er nachts nicht zu Hause, wenn er so ein Feigling war?

„He, Leute", sagte er aufgeregt. „Wir … wir könnten die Nacht ohne Zoff hinter uns bringen. Wäre echt besser als eine blöde Klopperei, oder?"

Devil brachte ihn sehr schnell zum Verstummen. Er versetzte ihm einen harten Schlag und der Punk ging in die Knie. Mehr wütend als ängstlich fluchte er los: „Verdammt, wir lassen hier bloß ein bisschen die Seelen baumeln und ihr …"

Weiter kam er nicht, denn Devil nahm ihn sich so richtig vor. Er drosch auf ihn ein und ich schaute wie gelähmt zu. Hector bellte nicht mehr. Stattdessen hatte er sich auf Flipps Kommando in die Jeans eines Türken verbissen. Danach machte er sich über eine dünne, honigfarbene Ratte her, die angstvoll aufschrie, bevor sie geköpft auf die dünne Schneedecke klatschte.

Dieser schrille Rattenschrei ging mir durch Mark und Bein. Plötzlich fiel mir ein, dass es sich um die Ratte des

Brunnen-Punks gehandelt haben musste, der mich im Sommer um ein paar Cent gebeten hatte. Natürlich konnte es auch eine ganz andere Ratte sein. Diese Punks hatten ja öfter welche dabei, aber die Vorstellung ließ mich nicht mehr los.

„He, Ben!", riss Lauritz mich aus meinen Gedanken und stieß mir einen kleinen, schmächtigen *Down-Under*-Punk direkt vor die Füße. „Das ist deiner, viel Spaß! Jetzt zeig mal, was in dir steckt!"

Zeigen, was in mir steckt … Ja, das wollte ich! Wie in einem Film liefen Szenen aus den letzten Monaten in meinem Kopf ab: Lene und Sven eng umschlungen im Schwimmbad … Lene mit Sam vor dem Kino … mein klägliches Versagen bei Laura … Mustafa, im Basketball-trikot, mit triumphierendem Grinsen … Moritz und Sven, die mir kopfschüttelnd die Gitarre aus der Hand nahmen … die drei Türken, die sich breit grinsend über mich beugten … ein Pulk meiner Lehrer, die mir „Du hast dich sehr verändert, Ben!" entgegenriefen … meine Eltern mit leidenden Gesichtern …

„Aufhören!", keuchte der schmächtige Punk und ver-suchte vergeblich wieder auf die Beine zu kommen. Ich drehte ihn um, drückte sein Gesicht in die tote Ratte und stellte einen Stiefel auf seinen Rücken. Ich schwitzte und mein Herz klopfte heftig. Zum Teufel, ich hatte ja keine Ahnung gehabt, über wie viel Kraft ich verfügte! Ich hielt den Körper des Punks auf dem Boden fest. Er stöhnte, aber ich konnte nicht aufhören ihn zu schlagen. Irgend-wann musste ich laut lachen, ohne zu wissen, warum. Da packte mich Lauritz am Arm und zischte: „Komm jetzt!" Atemlos erhob ich mich. Der Junge blieb liegen.

„Mann, das war …" Ich suchte nach Worten. „Geil",
flüsterte ich Lauritz schließlich aufgeregt zu und rieb mir
die schmerzenden Knöchel meiner Hand. Gleichzeitig
schaute ich mich um. Die Türken waren bis auf einen
verschwunden. Er lehnte mit geschlossenen Augen an
Goethes Denkmal. Der schmächtige Punk war der Einzige, der liegen geblieben war. Das machte mich stolz.
Die kopflose Ratte war irgendwo unter seinem Körper
begraben. Ein bisschen Blut färbte den Schnee rot.

Auf einmal erkannte ich, dass der zusammengeschlagene
Junge der Brunnen-Punk war. Aber das war mir egal. So
viel hatte sich seit dem vergangenen Sommer verändert.
Seit diesem blöden Sommer, in dem mir Lene die kalte
Schulter gezeigt hatte und seit dem so vieles schiefgelau-
fen war. Jetzt war ich kein Träumer mehr, keine Null, der
man einfach so ein Mädchen ausspannen konnte. Ich
atmete tief die kalte Winterluft ein und hätte am liebsten
die Welt umarmt. Niemand störte unseren Abgang, wir
schlenderten einfach so davon, als wäre überhaupt nichts
geschehen.

Das Leben war doch wirklich in Ordnung, wenn man
es richtig anpackte.

Meine Mutter ließ sich nicht blicken, als ich heimkam.
Ich verzog mich in mein Zimmer und legte mich aufs
Bett. Ich war noch sehr aufgedreht und schob eine von
Lauritz' CDs in meine Anlage. Weil ich nicht einschlafen
konnte, wanderten meine Gedanken wild durch den ver-
gangenen Tag.

Ich dachte an meinen Blick in den Spiegel, nachdem
Lauritz mir die Locken vom Kopf geschoren hatte. Und

an die Reaktion meiner Mutter. Und an die weg-
geschmissene E-Gitarre. Und an die blöden Türken,
denen ich auf dem Weg ins *Paddy Go Easy* begegnet war.

Diese Gedanken schob ich schnell beiseite. Dafür
räumte ich der Geschichte auf dem Goetheplatz einen
Ehrenplatz in meiner Erinnerung ein. Ich dachte an den
Brunnen-Punk, sah ihn im Sommer am Wasser sitzen
und den großen Angeber spielen. Die Erregung, die mich
während der Schlägerei gepackt hatte, überwältigte mich
erneut. Ich befriedigte mich selbst und dachte dabei zum
ersten Mal nicht an irgendwelche Mädchen. Statt Pia
oder Lauras Busen hatte ich die kopflose Ratte im Schnee
vor Augen. Und ich berauschte mich an meiner Kraft
und an meiner Macht.

25

Montag war der vorletzte Schultag, in ein paar Tagen war Weihnachten. Um kurz vor acht machte ich mich gut gelaunt auf den Weg zur Straßenbahnhaltestelle.

Unterwegs begegneten mir Mustafa und Yüksel. Ich schlenderte langsam auf die beiden zu. „Na, auf dem Weg in die Moschee?", fragte ich und spuckte vor Yüksel auf den Boden.

„Wie siehst du denn aus?", sagte Yüksel entsetzt.

Ich schaute sie kalt an.

„Du siehst aus wie ein Faschist", stellte Mustafa ruhig fest. „Bist du einer?"

Ich ignorierte ihn. „Wann geht's eigentlich zurück in die Türkei?" Meine Stimme war sanft wie Weichspüler.

„Ich gehe nie zurück in die Türkei", erklärte Yüksel beherrscht. „Ich lebe lieber in Deutschland. Schließlich bin ich hier geboren. Ich fühle mich mehr deutsch als türkisch, verstehst du?"

Ich verstand nicht. „Macht, dass ihr verschwindet, bevor mir der Kragen platzt!", antwortete ich. Das taten sie.

In der Straßenbahn traf ich Sam und ein paar andere aus meiner Klasse. Als sie mich kommen sahen, verzogen sie sich. Ich warf mich auf den erstbesten Platz und stopfte mir den Rucksack in den Rücken. Erst stemmte ich meine Stiefel gegen den Fahrscheinentwerter, dann legte ich meine Beine quer über den Nebenplatz. Niemand sagte etwas dazu. Die Straßenbahn fuhr direkt durch die Innenstadt. Am Goetheplatz gab es einen Stau, es herrschte der typische Morgenverkehr.

Ich wischte ein Guckloch in die beschlagene Fensterscheibe und lächelte Goethe einen stillen, zufriedenen Morgengruß zu, wobei ich zur Kenntnis nahm, dass sich am Brunnen schon wieder ein paar Türken herumtrieben.

Verdammtes, faules, stinkendes Ausländerpack! Warum kapiert ihr bloß nicht, dass ihr in unserem Land unerwünscht seid?, ging es mir durch den Kopf.

Zwei Kontrolleure stiegen zu und schauten sich prüfend um. Ich tastete gelassen nach der zerknautschen Schülermonatskarte in meiner Jackentasche und wartete seelenruhig, bis ich an der Reihe war, ohne die Füße vom Sitz zu nehmen.

„Den Fahrausweis?", brummte der Mann und beguckte mich mit nervösen Augen. Mein Äußeres schien ihn zu verunsichern.

„Hab keinen", sagte ich knapp, mehr nicht.

„Äh", murmelte der Kontrolleur. Ich zog bloß eine Augenbraue hoch und starrte den kleinen Mann kalt an. Da ging er eilig weiter, ohne mich noch einmal anzuschauen und ohne seinen Kollegen zu informieren.

Vor dem Schultor warteten Daniel und Sam.

„Hi, Ben!"

Ich blieb stehen.

„Wegen dem Rilke-Referat …“, murmelte Daniel und schaute ausdruckslos an mir vorbei, als würde er gar nicht bemerken, wie ich aussah. „Wir haben es jetzt halt ohne dich gemacht.“ Sam sagte gar nichts. Ich hätte ihn gern noch einmal aufs Pflaster knallen sehen, aber seine Stunde würde schon noch kommen. Darauf freute ich mich schon.

„In Ordnung“, war das Einzige, was ich erwiderte, dann ging ich seelenruhig weiter.

In der ersten Stunde hatten wir Mathe. Auch Frau Zang vermied es, mich anzuschauen. Sie warf einen einzigen zufälligen Blick auf mich, als sie den Klassenraum betrat, das war alles. Ich bemalte meinen Tisch mit schwarzem Filzstift: *Ausländer raus! Deutschland den Deutschen! Es lebe Adolf Hitler und sein Reich!*

Frau Zang ließ mich in Ruhe. Ich spuckte in die Luft und fing meine Spucke mit offenem Mund wieder auf. Frau Zang guckte an mir vorbei. Ich kramte eine Dose Cola aus meinem Rucksack und trank sie schlürfend leer. Frau Zang zeichnete ein Parallelogramm an die Tafel. Da, wo ihre Finger die Tafel berührten, bildeten sich feuchte Flecken. Als es endlich klingelte, verschwand sie grußlos.

Lauritz lächelte mir verschwörerisch zu. Die Pause über blieb ich im leeren Klassenzimmer sitzen und ließ meine Fingergelenke knacken. Lauritz hatte sich zum Rauchen in den kalten Schulhof verzogen. Ich guckte in den kahlen Baum vor dem Fenster und fühlte mich wohl.

Als es klingelte, kam mein Klassenlehrer, Herr Keller, herein. Er schaute mich an und hatte einen merkwürdigen Ausdruck im Gesicht. „Frau Zang hat mich informiert, dass du ..." Mehr fiel ihm nicht ein, diesem Weichei. Ich grinste und schwieg.

Nach und nach kamen die anderen herein. Sie beobachteten angespannt, was sich zwischen Herrn Keller und mir abspielte. Bloß Daniel funkte kurz in das lauernde Schweigen hinein: „Herr Keller, was ist mit unserem Referat? Ich dachte, wir wären heute noch damit dran."

Herr Keller winkte unwillig ab und harrte weiter schweigend neben mir aus. Ich nahm die ganze Sache locker. Lauritz war noch nicht zurückgekommen, wahrscheinlich schwänzte er, wie so oft.

Schließlich legte Herr Keller los. Er hielt einen glühenden Vortrag über Hitlers Drittes Reich und hatte unheimlich viel Pathos in der Stimme. Von den sechs Millionen ermordeten Juden redete er.

„Alles Lüge", murmelte ich gelangweilt und ließ meinen Blick aus dem Fenster schweifen.

„Die Deutschen errichteten in Auschwitz ein riesiges Vernichtungslager", sagte Herr Keller und guckte mich dabei direkt an. „Dort töteten sie bis Kriegsende Millionen Menschen."

Das regte mich auf. „So ein Blödsinn", schimpfte ich los. „Das ist doch alles gelogen!"

25 Augenpaare richteten sich auf mich.

„Ben!", rief Herr Keller und sah plötzlich sehr niedergeschlagen aus. „Was ist nur los mit dir?"

„Die Judenvernichtung hat es nie gegeben", sagte ich gereizt. „Das haben die Amis doch alles bloß inszeniert, zusammen mit diesen Scheißjuden."

Mein Klassenlehrer machte ein Gesicht, als hätte ich ihm eine runtergehauen. „Ben, bitte!"

„Das war doch alles eine abgekartete Sache, um das deutsche Volk schlechtzumachen." Ich wurde allmählich wirklich wütend. Immer und überall in Deutschland diese kniefällige Demut dem gesamten, blöden Judenvolk gegenüber. Es polterte und Sams Stuhl flog nach hinten. Herr Keller zuckte erschrocken zusammen.

„Verdammt, Herr Keller!", brüllte Sam, sein Gesicht war feuerrot vor Wut. „Sagen Sie diesem Idioten, dass er endlich die Klappe halten soll!" Sams Stimme klang, als würde er gleich anfangen zu heulen. Ich fand ihn lächerlich und guckte zu ihm hinüber. Lene hatte ihre Hand auf seinen Arm gelegt und schaute mich an, als wäre ich das Allerletzte, aber selbst das ließ mich kalt.

„Wir sollten in Ruhe zusammen reden!", rief Herr Keller und fuhr sich hilflos durch die Haare. Ich sah, dass seine Hände zitterten.

„Mit einem Faschisten wollen wir nicht reden!", rief Sven und viele von den anderen stimmten ihm zu. Ich legte den Kopf in den Nacken, aus den Augenwinkeln beobachtete ich den Wirbel um mich herum.

Schließlich trat Herr Keller an meinen Platz. „Du bist doch nicht komplett bescheuert, Ben", sagte er eindringlich und so leise, als wollte er nicht, dass die anderen seine Worte hörten.

„Nein, bin ich nicht", sagte ich kalt. „Aber vielleicht sind *Sie* ja bescheuert. Haben Sie daran schon mal gedacht?" Wir maßen uns mit Blicken.

„Auschwitz *ist* keine Lüge, Ben."

„Klar ist das eine Lüge."

„Du willst tatsächlich behaupten, dass es sechs Millionen ermordete Juden nie gegeben hat?"

„Allerdings", sagte ich fest. „Natürlich gab es Tote im Zweiten Weltkrieg." Ich überlegte einen Augenblick. „Aber schließlich gibt es in jedem Krieg Tote. Und auf jeder Seite."

„Was ist mit den anderen Konzentrationslagern?", rief Yüksel.

„Genau!", rief Daniel. „Was ist mit Dachau? Und Theresienstadt? Und Bergen-Belsen?"

„Leckt mich doch am Arsch", murmelte ich achselzuckend. „Das ist alles einfach in Szene gesetzt worden von den Amis. Die haben Kulissen aufgebaut und eine Menge Lügen verbreitet. That's it!"

Wir stritten hin und her. Irgendwann sprang Sam auf und stürzte aus der Klasse. „Herr Keller, Sie sind ein verdammter Feigling!", rief er an der Tür. „Warum schmeißen Sie diesen Idioten nicht raus? Warum darf er hier diesen ganzen Schwachsinn von sich geben?"

„Ich will ihm eine Chance geben, Samuel", verteidigte sich Herr Keller, aber das bekam Sam schon gar nicht mehr mit. Er war gegangen und die Tür flog hinter ihm ins Schloss. Lene rannte ihm hinterher. Als Nächste ging Yüksel. Sie weinte und wischte sich mit einem Taschentuch übers Gesicht.

„Bitte! Wir wollen über die Geschwister Scholl reden", versuchte es unser Klassenlehrer noch einmal hilflos, weil ihm das alles sichtbar über den Kopf gewachsen war. Er senkte den Kopf und ging durch die Klasse. Ich legte meine Beine auf den Tisch und schnürte mir sorgfältig die Stiefel. Es wurde ruhiger.

„Hans Scholl war etwa so alt wie ihr ...", begann Herr Keller mit vibrierender Stimme. Ich zog die weißen

Schnürsenkel sachte durch die Stiefelösen, links und rechts, links und rechts, immer über Kreuz.

„… und er war etwa so alt wie ihr, als Hitler die Macht in Deutschland an sich riss."

„Hitler wurde *gewählt*", verbesserte ich, ohne aufzublicken. Dazu sagte Herr Keller nichts, stattdessen redete er einfach weiter: „Zunächst ordnete sich Hans Scholl der neuen Situation unter. Er engagierte sich in der Hitlerjugend, so wie die anderen."

Herr Keller redete wie ein Wasserfall. Er erzählte, dass Hans Scholls Begeisterung rasant nachließ, als er mitkriegte, was Hitler tatsächlich anrichtete in Deutschland. Die Nationalsozialisten töteten Behinderte in Pflegeheimen. Sie planten die totale Vernichtung der jüdischen Rasse. Überall in Deutschland munkelte man über sogenannte ‚Konzentrationslager'. Dort wurden Millionen von Menschen gefangen gehalten und hingerichtet.

„Hans Scholl studierte inzwischen Medizin", sagte Herr Keller und wanderte weiter durch den dämmrigen Raum. „Er verstand jetzt, welchen Wahnsinn Hitler da anzettelte. Und andere verstanden es auch."

„Welche anderen?", erkundigte sich Sarah.

„Andere Studenten", sagte Herr Keller. „Und sogar ein bekannter Philosophieprofessor, Kurt Huber."

„Und die Schwester von Hans Scholl", rief Daniel.

„Sophie." Herr Keller nickte. „Sie nannten sich die *Weiße Rose* und druckten heimlich Flugblätter, als Aufrufe an das deutsche Volk."

„Genau!", rief Sven und funkelte mir wütend zu. „Und auf diesen Flugblättern stand es drauf!"

„Was stand da drauf?", fragte Sarah.

„Dass die Deutschen ihre Gefangenen in Konzentrationslager einsperrten. Und dass sie sie dort abschlachteten wie Tiere." Herr Keller setzte sich an sein Pult und beendete endlich seine unruhige Wanderung durch den Raum. Seufzend schaute er in die Runde.

„Also war es schon damals bekannt, was die Nazis mit den Juden gemacht haben", rief Sarah und drehte sich zu mir um.

„Klar war das bekannt", schnauzte Sven sie an.

„Die *Weiße Rose* arbeitete unter lebensgefährlichen Bedingungen. Sie druckten nachts ihre Flugblätter und verteilten sie am Tag unter die Menschen", fuhr Herr Keller fort und spielte nervös mit einem Stück Kreide in seiner Hand. Alle seine Finger waren bereits weiß.

„Sie forderten zum Widerstand auf", rief Daniel.

„Und sie schrieben das auch an die Wände der Uni", sagte Laila ruhig. Laila war auch Türkin. Sie war sehr dick und trug seit ein paar Jahren einen Schleier. Nicht einmal Yüksel konnte mit ihr allzu viel anfangen.

„Genau, Laila", bestätigte Herr Keller und lächelte ihr dankbar zu.

Ich gähnte und fand es anständig von mir, dass ich mir diesen ganzen Blödsinn überhaupt anhörte. Es war im Grunde völlig verrückt, hier herumzusitzen. Zum Glück fingen morgen die Ferien an. Also blieb ich und hörte ein bisschen zu und ein bisschen weg. Zwischendurch schloss ich die Augen und stellte mir vor, wie es wäre, mit Pia zu schlafen.

„Was passierte dann?", fragte Herr Keller, als handle er gerade eine komplizierte Geschichtsprüfung ab. Was dann passierte, wussten alle.

„Die *Weiße Rose* wurde beim Flugblätterverteilen geschnappt", sagte Laila leise.

„Ja", nickte Sven niedergeschlagen.

„Sie wurden alle hingerichtet", murmelte Sarah.

„Man hat sie geköpft", sagte Daniel.

Draußen hatte es angefangen zu regnen, Laila schaltete das Deckenlicht ein. Herr Keller stand wieder vor mir, baumlang und anklagend, wir schauten uns an.

„Du weißt, dass es so gewesen ist, nicht wahr, Ben?"

Ich nickte. Da atmete mein Klassenlehrer erleichtert auf und wollte nach meinem Arm greifen. Oder nach mir insgesamt. Ich wich zurück. „Sie waren eben bloß eine läppische Gruppe Hochverräter", sagte ich dabei fest. „Und Verräter verdienen es nicht besser."

Es war auf einmal sehr still um uns herum, wie bei einem Filmriss.

„Du steckst tiefer drin, als ich dachte", war das Einzige, was meinem Klassenlehrer dazu einfiel. Damit war die Stunde zu Ende.

26

Ich hatte damit gerechnet, dass er kommen würde. Es war nur eine Frage der Zeit gewesen. Trotzdem war ich, als es so weit war, ein bisschen überrumpelt. Ich hatte noch den Wohnungsschlüssel in der Hand und meinen Rucksack über der Schulter.

„Grüß dich, Ben!" Mein Vater musterte mich von Kopf bis Fuß und meine Mutter stand hinter ihm.

„Hallo, Papa." Wir standen eine Weile wie festgenagelt im Flur, dann zog mich mein Vater ins Wohnzimmer und drückte mich aufs Sofa. Er selbst blieb stehen und sah so aus, als wäre er mit den Nerven ziemlich am Ende. Meine Mutter setzte sich auf die andere Kante des Sofas und Rechtsanwalt Peter Krischka, Alt-Casanova mit Knitterfalten, Pazifist und *Jesus Christ Superstar*, schaute mit gefährlich schmalen Augen auf mich nieder. „Was soll dieser Wahnsinn?", fragte er schließlich leise und mit angestrengter Ruhe.

„Was meinst du?" Ich verschränkte die Arme vor der Brust und schaute ihn an.

„Was, zum Teufel, willst du eigentlich bezwecken mit diesem Horror-Look?" Er wies auf meinen kahlen Kopf.

„Mir gefällt es", antwortete ich knapp.

„Du bist wohl total bescheuert!", brüllte mein Vater da los, wie ein Stier in der Kampfarena.

„Nun mal langsam!", brüllte ich zurück. „Misch dich gefälligst nicht in meine Angelegenheiten ein, klar?"

„Wenn mein Sohn ein Faschist wird, ist das sehr wohl meine Angelegenheit!" Wir schrien hin und her.

„Du kapierst bloß nicht, worum es heute geht, du Öko-arsch!" Ich war aufgesprungen und sah zum ersten Mal, dass ich nicht mehr kleiner war als mein Vater.

„Ich kapiere genau, worum es geht!", schrie mein Vater zurück. An seiner Schläfe pulsierte eine geschwollene Ader. „Ihr seid nichts weiter als frustrierte, übersättigte Jugendliche, die alles haben und sich langweilen und nach etwas suchen, was sie bewegen können. Und dabei schreckt ihr augenscheinlich vor nichts zurück!"

Ich tippte mir gegen die Stirn.

„Wir brauchen keine neue Nazibrut in Deutschland", schleuderte mein Vater mir ins Gesicht. „Wie kannst du nur, Ben? Ausgerechnet du?" Er war aschgrau geworden und plötzlich weinte er tatsächlich los.

„Mann", murmelte ich nervös. „Mann, Mann, Mann." Unser Brüllduett war zu Ende, mein Vater saß stumm da und starrte vor sich hin, unter seinen Augen lagen dunkle Schatten. „Wie konnte das passieren?", murmelte er irgendwann leise.

„Weil ich endlich einen eigenen Kopf habe", antwortete ich.

„In meiner Jugend", sagte mein Vater, „da haben wir gegen Atomkraft gekämpft. Wir wollten eine gesunde

Zukunft für die kommenden Generationen schaffen – und was tut ihr 20 Jahre später? Ihr rottet euch zusammen und eure Ideen sind nichts als Hass, Gewalt und Engstirnigkeit."

„So ein Blödsinn", unterbrach ich ihn wütend.

„Wir wollten die Welt besser machen", fuhr mein Vater hartnäckig fort und weinte nicht mehr, stattdessen funkelten seine dunklen Augen mich schon wieder gereizt an.

„Aber das habt ihr nicht geschafft!" Wir schauten uns an und zwischen uns lagen wieder Welten.

In diesem Moment legte mir meine Mutter eine Hand auf die Schulter. Es war das erste Mal, dass sie mich berührte, seit ich ein Skinhead war. Ich ließ es zu, aber ich war auf der Hut.

„Wir haben immerhin so viel hinbekommen, dass du niemals in deinem Leben eine Ohrfeige gekriegt hast … Und dass du brüllen und fluchen kannst, wenn du Wut hast. Und dass du überall deine Meinung sagen kannst."

Ich zuckte ungeduldig mit den Achseln und meine Mutter ließ mich los. Auch sie war blass und sah elend aus. Ich schaute die beiden an, sie kamen mir auf einmal alt, naiv und lächerlich vor. „Was habt ihr schon erreicht?", fragte ich lauernd und meine Stimme war kalt wie Eis, das hörte ich selbst. „Die Wälder sterben, die Luft ist verpestet, jede Stunde stirbt eine Art aus, die Regenwälder werden abgeholzt, die Pole schmelzen, wir stehen vor einer Klimakatastrophe, es gibt Millionen Arbeitslose in diesem Land, die Knäste sind voll, überall werden Kinder missbraucht und umgebracht, Kriminalität, wo man hinschaut. Klasse, ja, ihr habt wirklich viel erreicht mit euren tollen, toleranten Ideen!" Ich lachte wütend auf und in diesem Moment fiel mir die kopflose Ratte im Schnee auf dem Goetheplatz wieder ein. Ich sehnte mich auf einmal danach, meinem Vater in sein besorgtes, überhebliches Gesicht zu schlagen.

„Ich habe einfach keine Lust mehr auf die vielen Ausländer hier im Land, kapiert?", brüllte ich los. „Türken, Russen, Albaner, Polen, Afrikaner … Warum, zum Teufel, kommen die alle her? Und warum benehmen sie sich wie Schweine, wenn sie schon hier sind? Mann, die muss man stoppen, die muss man rausschmeißen – oder rausprügeln."

„Ben, du weißt ja nicht, was du sagst!", rief meine Mutter und sprang auf.

„Das … ist … Faschismus", fügte mein Vater hinzu, seine Lippen waren schmal und weiß.

„Das ist mir doch egal!", schrie ich. „Hauptsache, es bringt die Welt wieder in Ordnung."

„Faschismus bringt aber nichts in Ordnung!", brüllte mein Vater. „Faschismus macht bloß kaputt!"

„Ich will später nicht einer von den Millionen Arbeitslosen sein!", schrie ich zurück und fegte vor Wut die Lieblingsvase meiner Mutter vom Tisch. Sie fiel auf die Erde und zerbrach.

„Die Ausländer sind nicht schuld an der beschissenen Wirtschaftslage!", brüllte meine Mutter.

„Natürlich sind sie schuld!"

„Blödsinn, Ben!", brüllte mein Vater. „Wenn du so etwas denkst, bist du ein Idiot!"

Da schlug ich zu. Mein Vater ging zu Boden und meine Mutter schrie schrill auf vor Schreck. Mein Vater fluchte und rappelte sich mühsam auf. Ich machte mich davon und fühlte mich wie ein Held, wie ein Sieger, wie ein Gewinner. Ich hatte gegen meinen Vater gewonnen, das war doch etwas. Meine rechte Hand tat mir weh von dem Schlag, aber das war mir egal.

27

Es war der 23. Dezember und ich war unterwegs, denn ich traute mich nicht nach Hause. Aber da wollte ich auch gar nicht hin. Zu Lauritz konnte ich heute nicht gehen. „Bei uns tobt der Bär, die ganze Familie ist da", hatte er mir erklärt, als ich ihn auf dem Handy anrief. Also ging ich zu Gonzo.

„He, Gonzo, stell dir vor, ich habe meinem Vater eine verpasst."

Gonzo pfiff durch die Zähne. „Was lag denn an?"

„Er war gekommen, um mich kleinzureden. Er hat mich angebrüllt und einen Idioten genannt."

Gonzo nickte verständnisvoll. „Da habe ich es besser. Mein Alter wählt schon seit Jahren die Reps."

„Tja, mein Vater ist eben ein linker Arsch, das ist es", murmelte ich und verdrehte die Augen. Meine Hand tat mir immer noch weh vom Zuschlagen. Ich wartete, bis Gonzo sich angezogen hatte, dann gingen wir los, um ein bisschen Spaß zu haben.

Es zog uns zum Weihnachtsmarkt am Rathausplatz. Wir tranken Glühwein, bis wir kein Geld mehr hatten, dann stolperten wir herum, rempelten Leute an, sprangen immer wieder laut johlend auf das Kinderkarussell und jagten den kleinen Kindern Angst ein. Keiner stellte sich uns in den Weg.

Schließlich hatten wir genug und zogen grölend weiter. In einer Seitenstraße warfen wir die Scheiben einer Dönerbude ein und rannten lachend davon, als uns ein paar schimpfende Türken hinterhersetzten.

Abends gingen wir ins *Paddy Go Easy* und trafen die anderen. Sogar Lauritz hatte es geschafft, von zu Hause wegzukommen.

„Wollen wir uns nicht noch ein bisschen unter die Leute mischen?", fragte Flipp ironisch grinsend und zog Hector an der Leine hinter sich her. Der Hund knurrte.

„Gute Idee!", rief Devil.

„Türken klatschen", schlug Monster vor und spielte mit seinem handlichen Schlagring.

„Ich weiß was Besseres", rief Gonzo. „Wir scheißen dem Christkind aufs Hirn." Wir lachten und Gonzo rief: „Alles klar? Auf zum Judenfriedhof!"

Ich freute mich, als ich sah, dass Pias Bruder Falk ebenfalls mit uns kam.

Es war kalt und stockfinster. Vor dem Portal des jüdischen Zentralfriedhofs kauerten zwei alte Männer, offensichtlich Obdachlose.

„Guckt euch diese Penner an", sagte Devil angewidert und spuckte auf den Boden. „Außer Saufen haben die nichts im Kopf."

Flipp baute sich kopfschüttelnd vor den beiden auf. „Ihr fresst und furzt von unseren Steuern", schimpfte er los. „Wozu sind solche wie ihr überhaupt nütze?"

„Wie bitte?", murmelte der eine. Er stank nach Alkohol und Urin. Der andere war weniger begriffsstutzig. „Los, Manny", jammerte er. „Machen wir uns besser aus dem Staub." Er rappelte sich ungeschickt hoch, aber Lauritz ließ ihn nicht durch. „Setz dich, Alter", fauchte er. Der Mann flog strauchelnd zurück. Der andere wickelte sich ängstlich seinen speckigen Schal um den Hals und versuchte gar nicht erst sich davonzumachen.

„Du da!", fuhr Lauritz ihn an. Der Alte, den sein Freund mit „Manny" angeredet hatte, zuckte zusammen, als Lauritz zutrat. Das eine Ende des fransigen Schals baumelte kinnabwärts.

„Steh auf!", befahl Lauritz. Der Stadtstreicher stand auf. Er war ein winziges, dürres Männlein mit ängstlichen, blassen, weit auseinanderstehenden Augen.

„Was hast du da für einen Kram?", fragte Lauritz und wies angeekelt auf ein paar herumstehende Plastiktüten.

„Das sind – meine Sachen."

Devil trat gegen die Tüten. Alles, was darin war, schlitterte über den nassen Boden.

„He!", protestierte der Mann schwach.

„Klappe halten!" Wir standen uns gegenüber. Der Mond schien mit kaltem Schein vom Himmel, und ich wartete lauernd ab.

„Habt ihr was zum Saufen dabei?", zischte Devil.

„Nein", flüsterte der kleine, alte Mann und zupfte an seinem Schal herum.

„Spinn nicht", warnte ihn der andere leise und zog eine kleine Flasche Apfelkorn aus seiner Jacke.

„Lasst uns jetzt gehen, morgen ist Weihnachten", bat der schmächtige Obdachlose und schlug so etwas wie ein

Kreuz vor seiner Brust. Dafür goss Devil ihm die volle Ladung Apfelkorn über den Kopf. Wir lachten laut.

„Was habt ihr noch dabei, ihr Drecksbeutel?", fragte Flipp streng. Hector knurrte wieder und die beiden Männer sahen aus, als würden sie jeden Moment anfangen zu weinen. Sie gaben uns hastig ein paar Fläschchen Weinbrand, ein angebrochenes Päckchen Zigaretten und eine Schachtel Erdnüsse.

Der nasse Stadtstreicher zitterte. „So lasst uns doch in Ruhe", bat er mit dünner Stimme.

„Der Herrgott sieht alles", fügte der andere hinzu. Es klang wie eine Warnung.

Lauritz zog mich nach vorn. Die beiden Männer verscheuchte er mit einer drohenden Bewegung seiner Stiefel nach hinten. Sie kauerten jetzt vor der alten Friedhofsmauer.

Ein Auto fuhr vorüber, es wurde für einen Moment langsamer. Der Fahrer schaute uns unentschlossen an, aber dann fuhr er hastig weiter und verschwand in der Dunkelheit der menschenleeren Straße.

„Los, Ben!", rief Lauritz laut. Ich hatte meine Hände in den Taschen meiner Jacke vergraben und schaute auf die mickrigen Gestalten zu meinen Füßen.

„Sei solidarisch mit Schwachen, Ben." Das hatten mir meine Eltern jahrelang gepredigt. „Nicht jeder kommt gleich gut klar mit seinem Leben. Nicht jeder hat die gleichen Chancen."

Ich grinste und ballte meine kalten Hände zu Fäusten. „Machen wir sie fertig, Monster?"

„Piss sie an", sagte Lauritz seelenruhig und lächelte sanft.

„Was?"

Devil schlenderte an meine andere Seite und schlug mir lachend auf die Schulter. „Los, Ben, pack deinen Dödel aus und piss ihnen in die dreckigen Visagen!"

Ich stand stumm da und schaute unschlüssig die schmuddeligen Männer an. Der Dünne starrte glasig zurück. Der andere murmelte verrücktes Zeug, es klang so, als würde er beten.

„Pack ihn aus!", brüllten meine Kumpel. „Pack ihn aus!" Ich schluckte nervös. Wenigstens war es dunkel, da würden sie meinen Penis nicht so genau sehen können. Ich öffnete erst meine kalten Fäuste und dann meinen Reißverschluss.

Verdammt, war das eisig, mein blöder Pimmel zog sich entsetzt zusammen. Trotz der Kälte brach mir der Schweiß aus, und ich brauchte eine Weile, bis ich pinkeln konnte.

„Mach schon!", rief Lauritz ungeduldig. „Oder willst du hier vielleicht Wurzeln schlagen?"

Wieder fuhr ein Auto vorbei. Ich pinkelte ein paar Tropfen. Sie fielen auf den nassen Schotterweg.

„Auf sie drauf!", brüllte Gonzo.

„Auf sie drauf!", brüllte Pias Bruder Falk.

Ich packte mein Glied und ein heißer, fester Urinstrahl spritzte dem dünnen Mann vor die Brust. Ich zielte erneut und pinkelte ihm ins Gesicht.

„Der andere auch!", forderte Lauritz. Aber ich konnte nicht mehr.

Da machten die anderen mit. Und dann verprügelten wir die beiden Jammergestalten nach Strich und Faden. Ich fühlte mich gut und cool und angestachelt. Und stark wie Superman. Zusammen mit Falk und Devil zerriss ich dem Dünnen die nassen Klamotten und schlug auf ihn ein, bis mir die Arme wehtaten.

Lauritz und Flipp zogen am speckigen Schal, bis der Stadtstreicher bloß noch röcheln konnte. Wir lachten dabei und ich spürte ein echtes Gefühl von Stärke und Zusammengehörigkeit. Es lohnte sich tatsächlich zu kämpfen! Ich war schließlich jung genug, um aktiv für mein Land einzutreten. Ich konnte mich wehren gegen den Verfall von Deutschland.

Hector saß seelenruhig dabei und schaute uns zu.

Anschließend nahmen wir uns den Friedhof vor. Wir zertrampelten Erikakraut, schmissen Grabsteine um und Lauritz und Devil traten eine Mahntafel aus ihren Angeln. Sie fiel ächzend in sich zusammen und brach mittendurch. Gonzo besprühte in der Zwischenzeit jüdische Inschriften mit schwarzer Farbe.

„Was soll denn das heißen?", fragte ich.

„Kannst du nicht lesen, Dummkopf?", fauchte Gonzo und sprühte weiter.

„Mach halt selber was!", schlug Flipp vor und drückte mir eine Sprühdose in die Hand. Und ich legte los. Über *Gideon Grünenbaum* schrieb ich: *Judensau.* Und über *Helene Levy* sprühte ich: *Fuck you. Moche Cohen* bekam: *Juda verrecke.* Und *Jakob Goldsohn* garnierte ich mit einem Hakenkreuz. Keiner sah uns, keiner störte uns.

„Wir haben in etwa den gleichen Weg, Ben", sagte Falk schließlich und gähnte. „Was ist, wollen wir uns auf den Heimweg machen?"

Ich nickte und beschloss, jetzt doch nach Hause zu gehen. Mein Vater hatte sich mit Sicherheit längst verzogen und mit meiner Mutter wurde ich inzwischen kinderleicht fertig, so viel stand fest. Früher, als ich noch klein war, war Weihnachten schön gewesen. Aber irgendwann war alles anders geworden. Mein Vater war ausgezogen und ich war älter geworden. Der Tag hatte seinen Reiz verloren, warum auch immer.

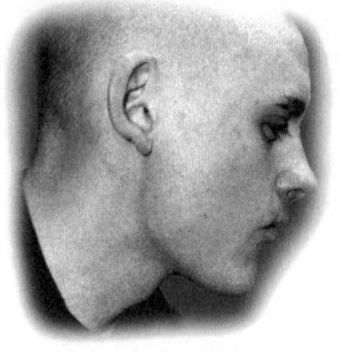

28

Als ich am späten Vormittag des 24. Dezembers aufstand, war meine Oma dabei, den Weihnachtsbaum zu schmücken: mit brasilianischen Strohsternen, peruanischen Fadenpüppchen und mexikanischen Blechpapageien. Sogar ein scheußlicher, kleiner, goldener Buddha hing jedes Jahr irgendwo in den Zweigen. Es war Tradition bei uns, den Weihnachtsbaum mit Symbolen aus aller Welt zu behängen.

Keiner schaute mich an, als ich ins Wohnzimmer trat. Meine Oma warf mir lediglich einen raschen Blick zu und wendete sich dann kopfschüttelnd wieder ab. Ihr Lebensgefährte Ronald taxierte mich ebenfalls kühl, aber auch er sprach mich nicht an. Lennart lag bäuchlings auf dem Sofa und spielte mit seiner Playstation.

„Willst du mir nicht beim Schmücken helfen?", fragte ihn meine Oma.

„Nö", murmelte Lennart und schoss eine feindliche Rakete ab.

„Ich habe vor den Ferien mit meinen tauben Kindern Glückssterne gebastelt und ein paar für euch mitgebracht."

„Aha", antwortete Lennart gelangweilt und schoss eine weitere Rakete ab.

„Du schaust ja gar nicht her", beschwerte sich meine Oma und hielt Lennart einen kleinen, hässlichen Goldpapierstern vor die Nase.

„Mann, jetzt hab ich einen Angriff verpasst", beschwerte sich Lennart. Da ging meine Oma seufzend davon.

Ich entdeckte den kleinen, fetten Buddha in einer Schachtel auf dem Wohnzimmertisch und schmiss ihn in den Müll. Die Strohsterne warf ich hinterher.

„Oma wird einen Anfall kriegen", flüsterte Lennart und schoss eine dritte Rakete ab. Meine Oma, Ronald und meine Mutter hatten sich inzwischen in der Küche zusammengerottet.

„Was sagt eigentlich Bens Vater zu der ganzen Angelegenheit? Vor allen Dingen zu dem, was gestern passiert ist?", fragte meine Oma meine Mutter gerade.

„Er glaubt, dass Ben bloß provozieren will. Er sagt, er ist überzeugt, dass Ben im Grunde so friedlich wie immer ist." Die Stimme meiner Mutter klang kläglich.

Ich guckte gegen die Wand und eine wilde Wut stieg in mir auf.

„Ben versucht halt sich von uns abzugrenzen", fuhr meine Mutter gnadenlos fort.

„Er sieht grauenvoll aus", stellte Ronald fest.

„Ich zucke jedes Mal zusammen, wenn ich ihm begegne", gestand meine Mutter mit gedämpfter Stimme.

„Man sollte etwas unternehmen", sagte Ronald und dann bastelte er in Windeseile ein unglaubliches Komplott gegen mich zusammen. Davon, dass er seine Praxis für eine Weile dichtmachen wolle, redete er. „Ich könnte mit ihm in mein Ferienhaus auf Sylt fahren. Dort hätte ich ihn ganz für mich alleine und könnte ihn mir mal gründlich vorknöpfen."

„Die Idee kam uns, nachdem du uns gestern am Telefon erzählt hattest, wie Benjamin seinen Vater geschlagen hat", sagte meine Oma. „Ronald wird ihm sicher dabei helfen können, seine innere Stabilität wiederzufinden. Schließlich ist er ja im Grunde ein sensibler Junge."

Mir wurde schwindelig vor Wut. Was redeten die denn da für einen kompletten Blödsinn? „He, ihr Idioten – es reicht!", brüllte ich los und schlug die angelehnte Küchentür mit aller Wucht auf.

„Ah, der Lauscher an der Wand …", sagte Ronald.

„Halt du bloß die Klappe", zischte ich drohend. „Du hast mir gar nichts zu sagen."

Ronald schaute kühl zurück. In diesem Augenblick beschloss ich, Weihnachten nicht zu Hause zu verbringen. Hier hielt mich nichts und niemand mehr. Ich verschwand ohne ein weiteres Wort aus der Wohnung, kochend vor Wut, und machte mich auf dem Weg zu Pia.

„Gut siehst du aus", flüsterte mir Pia ins Ohr.
Ich lächelte ihr zu und fuhr mir mit einer Hand zufrieden über den kahlen Kopf.

„Ich habe dir ein paar heiße Maronen mitgebracht", sagte ich dann und drückte ihr eine warme, rosa Papiertüte in die Hand.

„Danke, Ben." Wir lächelten uns an.

„Falk hat mir übrigens erzählt, dass du jetzt richtig dazugehörst."

„Findest du das gut?", erkundigte ich mich. Pia nickte. Pias Vater kam hinzu und lud mich dazu ein, Heiligabend bei ihnen zu bleiben.

„Prima", sagte ich und fühlte mich innerlich unsicher und verlegen. Aber ich hoffte, dass es keiner merken würde. Wir aßen Dominosteine und Spritzgebäck und im Hintergrund lief Weihnachtsmusik.

„Hast du Ärger zu Hause, Ben?", erkundigte sich Pias Vater. Ich nickte vage.

„Seine Eltern haben was gegen sein Outfit, Papa", erklärte Pia.

„Soso", sagte Herr Neiße lächelnd. Ich schwieg und sah aus den Augenwinkeln, dass Pias Vater mich beobachtete. Er sah gut aus für einen Mann seines Alters: männlich, sportlich und gut angezogen, ganz anders als mein Vater. „Willst du vielleicht mal meine Waffensammlung angucken, Ben?", fragte er mich schließlich. Zuerst war ich perplex, aber dann nickte ich. Wir gingen in den Keller hinunter, vorbei an einem Heizungskeller und einem Trockenraum. Nirgends stand Gerümpel herum, alles war tipptopp aufgeräumt. Pia kam uns langsam hinterher und ihr Vater schloss eine eiserne Kellertür auf und öffnete ein Sicherheitsschloss. Ich hielt den Atem an und blinzelte. Helle Deckenfluter blitzten auf.

„Das ist unser Treffpunkt", sagte Pias Vater und ließ mich hinein. Ich schaute mich um. Fahnen an den Wänden, ein Hakenkreuz, die Reichskriegsflagge und eine gerahmte Fotografie von Adolf Hitler. Ich schluckte und bekam einen trockenen Mund. In hohen Regalen stapelten sich alte und neue Zeitschriften und Bücher und in einer abgeschlossenen Vitrine lagen unzählige Waffen.

„Wahnsinn", murmelte ich schließlich beeindruckt.

„Alles, was du hier sehen kannst, hat unser Staat verboten", erklärte Pias Vater mit gerunzelter Stirn. Ich schob mich vorsichtig näher.

„Das sind eben alles Angsthasen und Drückeberger", schimpfte Falk. „Dabei sind wir überhaupt die Einzigen, die den Staat von der Kanakenbrut befreien können."

In dem Moment klingelte Herrn Neißes Handy und er ging rasch hinaus, um ungestört zu telefonieren. Plötzlich fiel mein Blick auf eine offene Kiste in einer Ecke. Darin lagen unzählige Motorradketten, Baseballschläger, Schlagringe und Krähenfüße.

„Wahnsinn", stotterte ich zum zweiten Mal fasziniert.

„Hast du schon mal geschossen?", fragte Pia. Ich schüttelte den Kopf.

„Darf er, Falk?"

Falk war einverstanden. Mit klopfendem Herzen nahm ich eine handliche Pistole entgegen. Falk brachte mir eine Menge bei. Wir lachten viel und es war schön, zwischendurch in Pias helle Augen zu schauen.

Wir schossen auf verschiedene Ziele, zuerst auf eine einfache Zielscheibe, dann auf lebensgroße Pappfiguren von Negern. Ich versuchte lachend, die übertrieben dick skizzierten Lippen zu treffen.

„Du bist ja ein Naturtalent", rief Pias Vater, der zurückgekommen war, und schlug mir anerkennend auf die Schulter.

Etwas später schossen wir auf halbnackte Pappweiber, die wie billige Straßenhuren aussahen. Ich machte es wie Falk, ich zielte auf ihre Pappbrüste und wir grinsten uns zu.

„Feierabend!", rief Pias Vater schließlich und Pia begleitete mich bis zur Gartentür.

„Frohe Weihnachten, Ben!", sagte sie und am liebsten hätte ich in ihrer sanften Stimme gebadet. Stattdessen machte ich mich auf den Weg zu Devil.

Bei Devil traf ich Gonzo und Flipp. Wir saßen in Devils „Kameradschaftskeller" und betranken uns. Es kam mir so vor, als wäre Weihnachten schuld daran, dass wir plötzlich alle so niedergeschlagen waren. Weihnachten konnte einen ganz schön runterziehen, wenn man nicht mitmachte.

„Die Moslems feiern heute auch nicht", sagte Devil schließlich. „Die haben mit Weihnachten nichts am Hut, ihr Allah scheißt nämlich auf ‚Merry Christmas'!"

„Ja, man kann nur froh sein, wenn sie heute keine Bomben in irgendwelche Kirchen schmeißen, zuzutrauen wäre es ihnen", meinte Flipp und regte sich im nächsten Moment schrecklich auf, als er mitbekam, dass Devil seinen Hund mit Weihnachtsplätzchen fütterte.

„Spinnst du, Mann?", brüllte er. „Das ist ein Kampfhund, kein Schoßhündchen. Der verdirbt sich den Magen." Die beiden stritten sich und Hector zerfetzte in der Zwischenzeit ungerührt die Plätzchenschachtel, um an die krümeligen Reste zu kommen.

Plötzlich keimte die Idee auf, den Moslems eine Lektion in deutscher Weihnacht zu verpassen. Ich weiß nicht mehr, wer zuerst davon anfing, aber dieser Gedanke versöhnte uns wieder.

„Bei denen soll es mal so richtig fackeln!", rief Flipp vergnügt.

Wir liefen lautstark durch das stille Viertel, Hector rannte herum und bellte wie verrückt. Die Straßen waren menschenleer.

„In der Albertstraße wohnen nur noch Kanaken …", meinte Devil vielsagend und verteilte Pfefferminzkaugummis.

„In der Luisenstraße gibt es auch keinen einzigen Deutschen mehr", sagte Flipp und nahm Hector an die Leine.

Wir gingen zu Flipp. Die Wohnung, in der er mit seinen Eltern und Geschwistern wohnte, war wie ausgestorben. „Die sind alle nach München gegondelt", beruhigte er uns, als er geräuschvoll die Wohnungstür aufschloss.

„Und dich haben sie so einfach hiergelassen?", fragte ich verwundert und dachte an meine Familie, die mich nie in Ruhe ließ. Flipp lachte. „Meine Großeltern in München stellen sich stur gegen Hector, und ohne den bin ich nun mal nicht zu haben."

Flipp stapfte in den Keller hinunter, wo er einen gefüllten Benzinkanister versteckt hielt. Mit einer Menge Kram zogen wir schließlich los. Es wehte ein lauer Wind, der ein bisschen an Frühling erinnerte. Ich schaute in den Himmel und musste plötzlich an meinen Traumwald denken, an den hatte ich schon lange nicht mehr gedacht. Ich blieb stehen.

„Was ist los, Ben? Wir haben nicht ewig Zeit."

Ich seufzte und riss mich zusammen. Wir gingen eine Weile schweigend durch die Dunkelheit. Meine Gedanken kreisten plötzlich wieder um meinen Fantasiewald. Irgendwann beschloss ich schweren Herzens, ihn einfach zu vergessen. Er war eben nur eine Illusion gewesen, weiter nichts. Mit diesem Entschluss fiel eigenartigerweise eine riesige Last Sehnsucht von meinen Schultern ab.

Guten Mutes lief ich weiter Richtung Gartenviertel, denn dort lag die Luisenstraße.

Das Haus, auf das wir zusteuerten, sah aus wie ein Abbruchhaus. Es lag ganz am Ende der Straße, dahinter waren Felder und eine Bierbrauerei.

„Hier wohnt doch mit Sicherheit keiner mehr", sagte ich verächtlich.

„Klar wohnt hier wer", zischte mir Devil zu und zog mich näher zum Haus hin. Er deutete auf eine schmutzige Hofeinfahrt. Mülltonnen standen da, vollgestopfte Mülltonnen und ein Kinderwagen.

„Logo wohnen hier Kanaken", bestätigte mir auch Flipp. Ich zog die Schultern hoch und suchte das Haus mit den Augen ab. Plötzlich wurde ein Fenster im zweiten Stock hell. Wir drückten uns eng gegen einen ziemlich ramponierten Maschenzaun.

„Psssst", flüsterte Gonzo warnend, seine Augen waren schmale Schlitze. Ich nickte. Der Schatten eines Menschen tauchte in dem erleuchteten Fenster auf.

„Kanake Nummer eins", flüsterte Devil triumphierend.

„Glaubst du jetzt, dass die Bude bewohnt ist?", raunte Flipp und gab Hector mit einer Handbewegung zu verstehen, dass er still sein sollte.

„Hier wimmelt es von Kanaken", erklärte Gonzo seelenruhig. „Und die haben auch einen Stall voller Bälger."

Ich fror. Aber bloß ein bisschen.

„Das liegt daran, dass die von früh bis spät Zeit zum Poppen haben. Und die werfen pünktlich alle neun Monate, da kannst du Gift drauf nehmen."

Gonzo spuckte auf den Boden. „Und unser Staat darf dann für diese Sauereien blechen."

Wir brauchten nicht lange und arbeiteten schweigend. Ich bastelte den ersten Molotowcocktail meines Lebens, mitten in der Nacht, hinter dem letzten Haus der Luisenstraße. Aus dem erleuchteten Schornstein der Brauerei stieg Rauch. Der Mond war vom dunklen Himmel verschluckt worden, aber wir fanden trotzdem auf Anhieb ein geöffnetes Fenster. Ein Stück Gardine wehte daraus hervor und Gonzo schob es vorsichtig weiter auf. Es war totenstill um uns herum, nur Hector hechelte leise. Stille Nacht, heilige Nacht. Es war ganz und gar Weihnachten.

Und ich war es, der die brennende Flasche schmiss ...

29

Silvester war vorüber. Ich lag auf meinem Bett und fühlte mich unendlich müde. Meine Oma und Ronald waren ohne mich abgereist. Ihren Seelen-Sanierungsplan hatten sie offenbar aufgegeben.

Als ich nach Hause kam, ein paar Tage nach Weihnachten, rief meine Mutter lediglich bei der Polizei an und zog die lächerliche Vermisstenanzeige zurück, die sie meinetwegen aufgegeben hatte. Denn durch mein Verschwinden hatte ich eine ziemliche Panikwelle ausgelöst. Mein Vater verzieh mir schweren Herzens den Faustschlag ins Gesicht und schaute mich dabei mit sorgenvoller Miene an.

Meine Mutter überreichte mir nachträglich meine Weihnachtsgeschenke. Nichts für meinen Computer diesmal, zum ersten Mal, seit ich ihn hatte. Stattdessen bekam ich eine blöde, hellblaue Skater-Jacke und diverse andere Klamotten in bunten Farben. Dazu den obligatorischen Stapel Bücher, darunter einen Bildband über das Dritte Reich mit dem vollen Programm: KZs, Leichen, Judenkinder mit abgemagerten Körpern und ängstlichen Augen, Überlebende und Tote.

Meine Mutter warf mir einen eigenartigen Blick zu, als ich das Buch gelangweilt durchblätterte. Es waren ziemlich eklige Bilder dabei und ich nahm mir vor den Band so schnell wie möglich wegzuschmeißen.

Meine Oma meldete sich ebenfalls bei mir, an dem Tag, als ich wieder zu Hause aufgetaucht war.

„Ben, von uns bekommst du eine neue E-Gitarre", sagte sie, als sei die Welt noch in Ordnung.

„Jaja", murmelte ich und beendete das Gespräch. Eine neue Gitarre? Diese Zeiten waren endgültig vorbei.

Das Haus in der Luisenstraße war fast völlig ausgebrannt. Die Zeitungen schrieben eine Menge darüber und regten sich enorm auf. Der Bürgermeister erklärte in einem Interview, er habe Angst vor neuem Terror in unserer Stadt, und tagelang sorgte die Angelegenheit für einen Riesenwirbel. Täter fand man keine, die Polizei tappte im Dunkeln. Ein junger Afrikaner war verletzt worden, alle anderen waren mit dem Schrecken davongekommen.

„So ein Mist", kommentierte Lauritz verärgert, als wir uns im *U-Boot* trafen.

„Ich möchte, dass du wenigstens den Unsinn mit der Glatze sein lässt", sagte meine Mutter.

„Lass mich in Ruhe."

„Du kommst noch mal in Teufels Küche, Ben."

„Das ist *mein* Problem."

„Glaub mir, es dauert nicht mehr lange, und die Leute werden dich in einen Topf mit den Leuten werfen, die in der Luisenstraße das Feuer gelegt haben." Ich zuckte die Achseln.

„Bitte, Ben." Meine Mutter stand blass und erschöpft vor mir.

„Ich bin Skin. Und ich bleibe Skin."

Mein Opa Gustav hatte einen Schlaganfall gehabt, ich besuchte ihn im Krankenhaus und saß zusammen mit Wilfried an seinem Bett. Mein Vater kam natürlich nicht.

„He, Opa", sagte ich leise und drückte seine leblose, kalte Hand.

Mein Großvater schaute mich aus blassen Augen an und schwieg. Ein bisschen Spucke lief ihm aus dem Mundwinkel. Wilfried wischte den Spuckefaden weg. Und nicht nur einmal, dauernd kam neue Spucke und dauernd erhob sich Wilfried, seufzte und wischte.

„Sag doch was, Opa", bat ich. „Bitte."

Aber er schwieg. Er sagte nie wieder etwas, denn zwei Tage später war er tot. Ich konnte es fast nicht glauben. Wie ein gefangenes Raubtier wanderte ich ruhelos im dämmrigen Krankenhausflur auf und ab und biss die Zähne fest zusammen.

Als ich noch richtig klein war, hatte mein Opa mir oft Märchen erzählt. Wir fuhren zusammen in seinem alten Auto, ich bekam Lakritzschnecken und lauschte mit geschlossenen Augen. Manchmal spielten wir auch „Märchenraten".

„Fang an, Opa!"

„Das haben wir doch schon hundert Mal gespielt", seufzte mein Opa.

„Das macht nichts", drängelte ich.

„Ein Müller hatte drei Söhne …", begann er.

„Der gestiefelte Kater!", rief ich.

„An einem Sommermorgen saß ein Schneiderlein …"

„Das tapfere Schneiderlein!", unterbrach ich ihn.

„Es war einmal ein großer Krieg und der König hatte viele Soldaten …", machte mein Opa einen letzten Versuch.

Ich hopste triumphierend auf meinem Sitz herum. „Das ist ‚Der Teufel und seine Großmutter'."

Damals war ich sieben. Bald darauf fand mein Opa mich zu alt für Märchen. Er kaufte mir einfach keine Lakritzschnecken mehr.

Ein paarmal nahm er mich mit zum Angeln. Er brachte mir bei, die gefangenen Fische mit einem Schlag auf den Kopf zu töten und ihnen den Haken aus dem Maul zu ziehen. „Ich finde das eklig", sagte ich leise. „Der arme Fisch."

„Unsinn", sagte mein Opa streng, „stell dich nicht so an, Ben!"

Ich kriegte es hin. Mein Opa führte einfach meine Hand und ich vermied es, den sterbenden Fischen in die glasigen Augen zu sehen.

Als ich älter war, nahm er mich zur Jagd mit. Zu Hause erzählte ich nichts davon. Ich schaute Hasen beim Sterben zu – und eines Tages einem Hirsch, den Wilfried geschossen hatte. Der Hirsch lag keuchend da und starb ganz anders als die Hasen. Er starb langsam und qualvoll und wir schauten ihm abwechselnd durch Wilfrieds Fernglas dabei zu.

„Eine Augenweide", lachte mein Opa.

„Ich weiß nicht", sagte ich betroffen. Ich war damals 13. Da legte mein Opa mir tröstend seinen Arm um die

Schulter. Als der Hirsch nach einer halben Ewigkeit endlich tot war, zuckte ich schon fast gar nicht mehr zusammen. Stattdessen schlich ich neben meinem Opa durch das dämmrige Unterholz und roch den Angstschweiß des gestorbenen Tieres.

„Was hast du bei deinem Großvater gemacht?", fragte mich meine Mutter abends, ihre Stimme klang misstrauisch.

„Nichts Besonderes", log ich zögernd. „Wir haben Karten gespielt."

Jetzt dachte ich nicht länger an Lakritzschnecken und aufgescheuchte Waldtiere, stattdessen saß ich neben meinem toten Opa und weinte. Ich fühlte mich trostlos.

„Du gehst jetzt besser", sagte eine Krankenschwester, die ganz plötzlich da war. Sie musterte mich von Kopf bis Fuß. Ihr Blick war alles andere als freundlich.

„Ist das ein Rausschmiss?"

„Du solltest einfach nicht länger bleiben, das ist alles."
Ich blieb hartnäckig sitzen.

Die Krankenschwester war ebenso hartnäckig. „Geh jetzt!", wiederholte sie.

„Leck mich doch", murmelte ich und hielt die Hand meines toten Opas fest.

Da ging die Schwester hinaus. Ich hörte, wie sie laut über den Gang rief: „Es ist wegen diesem unangenehmen Glatzkopf in Zimmer sieben, dem Enkel vom verstorbenen Herrn Krischka …"

Da stand ich auf und ging davon. Ausnahmsweise verzichtete ich auf Zoff.

In der Wohnung meines Großvaters fand man eine Menge verbotener Dinge.

„Alles war voll damit", sagte mein Vater am Telefon, seine Stimme klang erschüttert.

„Voll womit?", fragte ich.

„Nazipropaganda, Ben. Er war tatsächlich Mitglied in der NPD …"

Ich schwieg und überlegte, was wohl mit den Sachen passieren würde. Außerdem stimmte mich der Gedanke, meinen Großvater nie mehr wiederzusehen, traurig. Ich ging hinunter zum Kiosk und kaufte mir eine Tüte Lakritzschnecken, aber sie schmeckten scheußlich, warum auch immer.

30

Ein paar Tage später war Beerdigung und am selben Tag endeten die Ferien. Ich ging nicht mit auf den Friedhof. In die Schule ging ich ebenfalls nicht. Stattdessen fuhr ich mit Lauritz und den anderen ins Hallenbad. Wir tobten wild herum, lauter Glatzen in Badehosen. Das war verrückt, irgendwie. Keiner traute sich an uns heran.

Wir vertrieben einen dünnen, alten Mann aus seiner Duschkabine und lachten ihm laut hinterher. Der Mann hastete so eilig davon, dass er fast ausrutschte. Wir stießen uns gegenseitig vom Beckenrand und rempelten im Wasser Leute an. Wir machten Wellen und verspritzten riesige Chlorfontänen in alle Richtungen. Später kraulten wir wie durchgedrehte Schiffsschrauben quer durch das Becken und mähten jeden nieder, der uns in die Quere kam.

„So eine Frechheit", schimpfte eine Frau.

„Das muss man sich doch nicht gefallen lassen", rief ein dicker Mann und floh zur nächsten Leiter. Devil setzte ihm mit einem Hechtsprung hinterher.

„Ich werde mich beschweren", warnte der Mann und ging zum Bademeister. Devil und Lauritz liefen ihm nach.

„Ich schwimme hier seit fast zehn Jahren …", erklärte der dünne Rentner und knetete nervös an seiner Badekappe, die er sich vom Kopf gezogen hatte. Lauritz hockte beinebaumelnd am Beckenrand und Devil lehnte an der weißen Kachelwand und guckte mit schmalen Augen den Bademeister an.

„Nun regen Sie sich doch nicht so auf", beschwichtigte ihn der Bademeister und bemühte sich Devil zu übersehen.

„Natürlich rege ich mich auf!", rief der Rentner.

„Und was soll ich Ihrer Meinung nach unternehmen?"

„Schmeißen Sie diese Bengel hinaus, zum Teufel!"

Der Bademeister zuckte mit den Achseln. „Ich bin doch nicht wahnsinnig", sagte er und starrte angestrengt über das tiefe Becken hinweg in die Ferne.

„Wie bitte?" Der Rentner starrte den Schwimmmeister konsterniert an.

„Na, ich lege mich doch mit Typen wie denen nicht an."

Da sagte der Rentner nichts mehr, stattdessen ging er wortlos zu den Umkleidekabinen. Ich tauchte vergnügt zu Lauritz hinüber und wir schwammen eine Weile Seite an Seite.

„Überall Mädchen", sagte ich leise. Wo kamen die bloß alle her? Schließlich war es erst gegen Mittag. Verdammt, ich spürte, wie ich immer geiler wurde. Nervös tauchte ich ab, aber meine Erregung blieb. Neben der Tür zum Dampfbad stand ein Mädchen. Sie schien auf jemanden zu warten.

Ich fixierte ihren schmalen Körper und mein Blick blieb an ihrem Bikinioberteil hängen. Plötzlich tauchte ein Junge auf und legte seinen Arm um sie. Zusammen gingen sie davon. Verdammt, ich hätte alles darum gegeben, in dem Moment an seiner Stelle zu sein. Frustriert stieg ich aus dem Wasser.

Ich wanderte einen steilen Weg hinauf und war ganz allein. Lauritz und die anderen waren ins *Paddy Go Easy* gegangen. Aber mich zog es hinaus in die kalte Dunkelheit. Ich schlug den Weg zum Gartenviertel ein. Ich wollte das abgebrannte Haus in der Luisenstraße sehen. Seit jener Nacht, als ich den brennenden Molotowcocktail ins offene Fenster geworfen hatte, war ich nicht dort gewesen.

Natürlich hatte ich Bilder der Ruine gesehen, die Tageszeitung konnte ja nicht genug kriegen von der Angelegenheit. Erst jetzt war es ruhiger geworden. Die Polizei hatte die Suche wohl aufgegeben. Es nieselte und ich nahm mir vor, bloß einen kurzen Blick auf das zerstörte Haus zu werfen, dann wollte ich ins *Paddy Go Easy* gehen und die anderen treffen. Ich würde etwas trinken und vergessen, dass ich mal an meinen Traumwald geglaubt hatte.

Die Silhouette der Bierbrauerei tauchte vor meinen Augen auf, wieder stieg Rauch aus dem hohen Schornstein, wieder war kein Mond zu sehen.

Ich schlich mich verstohlen an das Haus heran, es war rabenschwarz und kaputt und verlassen. Keine vollgestopften Mülltonnen weit und breit und nirgends ein Kinderwagen.

Ich stand nur ein bisschen da, mehr wollte ich gar nicht. Ich fühlte mich stark, als ich die Ruine ansah, und vermied es, an diesen blödsinnigen Kinderwagen zu denken, denn der machte mich unsicher. Und das wollte ich, verdammt noch mal, nicht sein.

Plötzlich hörte ich ein Fahrrad hinter mir, ein bremsendes Fahrrad. Ich zuckte zusammen und fuhr herum, als mich jemand von hinten anrief. Es war Kalli. Er saß auf einem alten, schrottreif aussehenden Rad und um ihn herum sprang ein hässlicher kleiner Hund.

„Ben."

„Lass mich in Ruhe."

„Warum stehst du hier und schaust dir dieses Haus an?" Kalli stieg vom Rad und kam auf mich zu. Der Hund sprang ihm bellend um die Füße. „Regen sich in dir etwa wieder menschliche Gefühle?"

Ich schaute ihn an und er schaute mich an. Es dauerte bloß Sekunden, bis er es begriff. „Verdammt, du bist gar nicht aus Mitgefühl hier", murmelte er fassungslos. Ich versuchte, die gleichen schmalen Augen zu machen, wie Devil es konnte.

„Hau ab", sagte ich warnend. Kalli starrte mich an, als schaue er einer Bestie ins Gesicht.

„Du bist bloß hergekommen, um dein Werk zu betrachten!"

„Blödsinn."

„Das ist kein Blödsinn, Ben."

„Warum sollte ich diese blöde Bude abfackeln, kannst du mir das mal verraten?"

Kalli schluckte, ich sah, dass seine Hände zitterten. „Warum du unschuldigen Leuten an den Kragen willst, weiß ich allerdings auch nicht", murmelte er schließlich matt und wollte zu seinem bescheuerten Fahrrad zurückgehen.

Da schlug ich zu. Ich trat ihn zu Boden und drosch wild auf ihn ein. Dafür, dass er mich durchschaut hatte. Dafür, dass er beinahe mal mein Freund geworden wäre. Und dafür, dass er es nicht nötig hatte, sich einen Traumwald zu träumen.

Ich schlug und schlug und schlug. Der hässliche kleine Hund schaute mich an und winselte. Da ging ich davon und fühlte mich rundherum trostlos. Der Nieselregen durchnässte mich ganz langsam.

Ich ging zu Pia und legte meinen Kopf in ihren Schoß und sie fuhr mir mit den Fingern über die Glatze. Der Nieselregen war längst ein richtiger Regen geworden, das konnte man deutlich hören. Ab und zu fuhr ein Auto über die nasse Straße.

Pias Eltern waren heute nicht zu Hause.

„Wo ist eigentlich dein Bruder?", murmelte ich in Pias Schoß und wünschte, Falk wäre meilenweit weg.

„Der ist mit seiner Gruppe unterwegs."

Ich atmete auf und fuhr mit meinen kalten Fingern unter Pias Sweatshirt.

„Hör auf, Ben."

Ich seufzte. „Nichts darf ich."

„Wir können was spielen", schlug Pia vor und schob meinen Kopf von ihrem Schoß. „An meinem PC."

„Ich mag nicht", sagte ich und richtete mich auf.

Schlaf endlich mit mir, sagte ich tonlos.

„Wir können eine DVD schauen."

Ich schüttelte den Kopf.

Schlaf mit mir ...

„Wollen wir eine Pizza essen?"

„Ich hab keinen Hunger."

Pia schaute mich ungeduldig an und ich schaute angespannt zurück.

„Bitte, Pia", sagte ich leise, schob wieder meine Fingerspitzen unter ihr Sweatshirt und spürte ihre weiche, glatte Haut.

„Was soll das, Ben?"

„Schlaf mit mir." Ich hatte es tatsächlich gesagt! Mein Herz klopfte zum Zerspringen.

„Nein …"

„Bitte."

„Hör auf damit."

Ich legte meinen Arm um ihre Schultern und zog ihr Gesicht zu meinem.

„Lass das", sagte Pia und sprang auf. „Wenn du nicht alles kaputt machen willst, geh jetzt besser."

Ich wollte natürlich nicht alles kaputt machen, also stürzte ich davon.

Ich schlief schlecht in dieser Nacht, träumte wirres Zeug. Das schmale Mädchen aus dem Schwimmbad tauchte ein paarmal auf und lächelte mir zu, sie war nackt.

Auch das verbrannte Haus in der Luisenstraße schwebte durch meinen Traum. Und der Stadtstreicher mit dem kurzen, speckigen Schal.

Immer wieder fuhr ich hoch. Einmal wollte die kalte, leblose Hand meines Großvaters mir beruhigend auf die Schulter klopfen, aber ich rannte, von Panik ergriffen, davon.

Und dann kam Kalli mit seinem kleinen Hund. Der Hund schien tot zu sein. Hatte ich das gemacht? Stöhnend richtete ich mich in meinem Bett auf und sehnte den Tag herbei.

Vor unserem Haus stand Sam. Ich lief ihm direkt in die Arme und fluchte los wie ein Wilder. Sam wartete ab und tat nichts weiter, als mich anzustarren.

„Was willst du hier?", schimpfte ich schlecht gelaunt.

„Ich hab auf dich gewartet."

„Verzieh dich, Sam."

„Nein."

„Die Schule hat längst angefangen."

„Die werden auch ohne mich klarkommen", sagte Sam kühl.

Ich rempelte ihn an und ging mit langen Schritten an den Garagen vorbei.

„Ich muss mit dir reden!", rief Sam.

„Scheiß drauf, Judensau", murmelte ich.

„Ich hab Kalli gesehen!", rief Sam und war schon wieder neben mir. „Ich habe gesehen, was du mit ihm gemacht hast."

Da blieb ich stehen.

„Du bist ein Schwein, Ben."

„Du bist ein Jude, Sam."

„Ja, ich bin Jude", sagte er. „Aber das ist in Ordnung so."

Ich spuckte vor ihm aus.

„Tu das nicht noch mal", sagte Sam ruhig.

Ich spuckte noch einmal, das hatte er eiskalt herausgefordert. Ich musste es einfach tun. Und da schlug Sam zu. Er schlug anders, als ich es bei Gonzo und Devil gelernt hatte.

Es kam ganz klar rüber: Sam würde sich in keine Prügelei verwickeln lassen. Er verpasste mir einfach eine knallharte Ohrfeige. Mir glühte das Gesicht und Sam rieb sich die Hand. Dann drehte er sich um und ging davon.

Ich blieb benommen stehen.

31

Hastig machte ich mich auf den Weg zu Lauritz. Hoffentlich war er noch nicht weg. Aber ich hatte Glück.

„Hallo, Ben", begrüßte er mich gähnend und ließ mich herein. „Was liegt an?"

Ich erzählte es ihm: von Sams Attacke vor meiner Haustür und von der Sache mit Kalli in der Luisenstraße. Sogar von dem winselnden Hund erzählte ich nervös. Der kleine, hässliche Hund interessierte Lauritz nicht. Auch die Prügel, die Kalli bezogen hatte, ließen ihn kalt. Bloß, dass Kalli jetzt wusste, wer für die Brandruine im Gartenviertel verantwortlich war, regte ihn auf.

„Verdammt, Ben, du hättest dich nicht von ihm anquatschen lassen sollen."

„Er hat mich irgendwie überrumpelt."

„Du bist schwächer, als ich dachte." Lauritz musterte mich unzufrieden.

„Er war mal so was wie mein Freund", sagte ich leise, meine Stimme klang kläglich.

„Darum geht es nicht", sagte Lauritz unwirsch. „Aber zum Glück stecke ich da nicht mit drin." Lauritz schlüpfte in seine Jacke. „So was kann ins Auge gehen, ganz klar."

„Wie meinst du das?"

„Er kann dich bei den Bullen verpfeifen."

„Und dann?"

„Dann kriegst du Stress."

„Aber ich war das schließlich nicht alleine, verdammt!" Lauritz grinste und stieß mir seinen ausgestreckten Zeigefinger vor die Brust. „Du bist vielleicht ein Trottel", sagte er dazu ungerührt.

„Was soll das heißen?"

„Na, dein Name ist eben der einzige, den dein blöder Freund den Bullen flüstern kann. Und das wird er tun."

„Mist", sagte ich leise.

„Und Gonzo und Flipp sind auch gut raus", sagte Lauritz seelenruhig.

„Warum?"

„Weil du sie natürlich nicht verpfeifen wirst."

Ich schluckte. Aber Lauritz versetzte mir einen aufmunternden Stoß.

„Los, du Angsthase!", rief er.

„Wohin willst du?"

„Wir werden deinem blöden Freund am besten mal einen kleinen, persönlichen Besuch abstatten." Er lächelte. „So was wirkt manchmal Wunder, glaub mir." Ich sah, wie Lauritz seinen Schlagring in die Jackentasche schob. Langsam setzte ich mich in Bewegung.

Wir fanden Kalli nicht, er war nicht in der Schule und auch nicht zu Hause. Jedenfalls öffnete niemand auf unser drängendes Klingeln. „Verdammt!", rief Lauritz.

Ich lief stumm hinter ihm her und wurde ganz allmählich sehr niedergeschlagen. So, wie man von einem Nieselregen ganz allmählich klatschnass wird.

Was dann passierte, war ein Unfall, irgendwie. Es war ein Unfall für mich, obwohl es eigentlich ein Überfall war, es ging drunter und drüber. Und ich machte mit, weil ich wilde Wut immer noch besser fand als trostlose Trübsal.

„Dann nehmen wir uns eben diese Judensau vor", sagte Lauritz nämlich. Das war der Anfang. Es war gegen Mittag, wir hatten noch ein bisschen Zeit. Schließlich brauchte Sam immer eine ganze Weile von der Schule bis zu der Villa seiner Eltern am Stadtrand. Per Handy rief Lauritz Gonzo und Flipp an. Hector kam auch mit, dann zogen wir los.

„Seine Eltern kommen immer erst abends nach Hause", erzählte ich den anderen. „Die arbeiten den ganzen Tag."

„Dieses Judenpack hortet wohl eine ganze Menge Kohle, was?", fragte Flipp verärgert.

„Allerdings", nickte ich und dachte daran, dass Sam nicht bloß eine ganze Menge Geld hortete. Er hatte auch noch Lene!

Irgendeine Kirchturmglocke schlug gerade dreimal, als wir in die Straße einbogen, in der Sam wohnte. Wir kletterten über einen schnörkeligen Zaun und überließen es Hector, sich einen eigenen Eingang zu suchen.

„Der kommt überall rein", sagte Flipp zuversichtlich, und er hatte recht. Wir waren kaum ein paar Schritte vorwärts geschlichen, als Hector wieder bei uns war.

Wir machten einen regelrechten Überfall. Erst klingelten wir Sturm und als uns ein dünnes, schwarzhaariges Au-pair-Mädchen einen Spaltbreit öffnete, stießen wir die schwere Eichentür krachend bis zum Anschlag auf. Das Mädchen schrie ängstlich auf. Ich musterte sie verächtlich. Sie war nicht besser als Kallis winselnder Mischlingsköter. Sie verkroch sich zitternd hinter einem breiten Schrank.

Dann ging es rund. Sam war nicht zu Hause, das erkannten wir ziemlich schnell. Aber seine Schwester war da. Deborah Rosenberg kannte ich ebenfalls aus der Schule. Sie war zwei Klassen über uns und würde im nächsten Frühjahr Abitur machen. Sie stand plötzlich da, auf einem ziemlich edlen Treppenabsatz. Sie guckte uns an und wir starrten zurück.

„Was wollt ihr?", fragte sie schließlich und ihre Stimme klang genauso kühl und überheblich, wie Sams Stimme so oft klang.

„Wir wollen die Judensau, die mit Ben Krischka in dieselbe Klasse geht." Deborah schwieg.

„Los, schaff deinen feinen Bruder her", befahl Lauritz gebieterisch.

„Mein Bruder ist nicht da."

„Wann kommt er?"

„Das spielt keine Rolle, denke ich."

Lauritz grinste. „Ich denke schon, dass das eine Rolle spielt."

Deborahs Hände zitterten ein bisschen, das konnte ich sehen. Ihre Augen suchten wohl das Au-pair-Mädchen, das uns hereingelassen hatte. Stattdessen fanden sie mich. „Bist du das, Ben?", fragte sie erschrocken.

Ich schaute sie kalt an und überlegte, warum ich ausgerechnet sie früher wunderschön gefunden hatte. An ihr war nichts, was mir heute noch gefiel. Sie hatte lange, rötliche Haare und große, grünliche Augen, die recht nah beieinanderstanden. Außerdem trug sie eine Brille und auf ihrer Nase waren Sommersprossen. Ich dachte wieder an das Mädchen im Schwimmbad und dann an Pia, die ich nie richtig anfassen durfte, und an Lene, die Sam mir weggenommen hatte. Sogar die kopflose Ratte fiel mir ein. Und mein Machtgefühl. Ich streichelte Hector, der neben mir stand, und fühlte die Wärme, die von seinem Hundekörper ausging. Plötzlich war ich erregt, ich hörte mich atmen und schaute zu Lauritz hinüber. Lauritz nickte.

Wir benötigten für den Überfall auf Deborah Rosenberg keinen Schlagring. Und keinen Baseballschläger. Und keine Motorradkette. Wir benutzten einfach unsere Körper.

Es war fast nicht zu glauben, dass ein Mädchen einen wunden, blutigen Mund bekam, bloß weil es von ein paar verrückten Jungs geküsst wurde. Aber genau das passierte. Und Deborahs Kleider gingen natürlich kaputt. Endlich konnte ich einen Mädchenbusen anfassen, richtig anfassen.

Gonzo begnügte sich mit dem weinenden Au-pair-Mädchen hinter dem breiten Schrank. Ich konnte nicht sehen, was er alles mit ihr anstellte. Jedenfalls schrie sie die ganze Zeit. Das machte mich ein bisschen nervös. Und fahrig. Jedenfalls klappte es wieder nicht so, wie es klappen sollte. Ich versagte, wie ich bei Laura versagt hatte an meinem blöden 16. Geburtstag.

Lauritz konnte es besser. Ich weiß nicht, wie weit der ganze Spuk ging. Ich jedenfalls, ich hockte leer und erschöpft und todmüde auf dem Treppenabsatz, als Sams Vater plötzlich auftauchte. Dort saß ich, wie auf einem Logenplatz im Theater. Ich blickte in sein bleiches

Gesicht. Und hörte ihn losbrüllen. Und verfolgte die Flucht der anderen.

Ich blieb, wo ich war, auf der Treppe. Irgendetwas hielt mich dort fest. Vielleicht waren es Deborahs Spaghetti-haare, die wie ein Fächer ausgebreitet auf dem kalten Boden lagen. Oder meine Erinnerung an die Zuneigung, die ich mal für sie empfunden hatte. Oder mein Entset-zen darüber, dass ich es nicht schaffte, mit einem Mäd-chen zu schlafen. Oder was auch immer. Vielleicht war ich auch ganz einfach nur müde.

Jedenfalls saß ich nur da und Herr Rosenberg hielt mei-nen Arm umklammert. Und dann kam die Polizei. Und Sam. Und seine Mutter. Deborah wurde fortgebracht, in ihr Zimmer.

„Du Schwein!", brüllte mich Sam an und wollte sich auf mich stürzen. Aber sein Vater ließ ihn nicht. Er legte seinem Sohn einen Arm um die Schulter und beide weinten. Dann nahmen die Polizisten mich mit. In Handschellen.

Auf der Wache ging alles sehr schnell. Ich gab meinen Namen und meine Adresse an. Und erzählte vom jüdi-schen Friedhof. Und von den beiden Stadtstreichern. Ein sehr junger Polizist verzog keine Miene, während er meine Aussage aufnahm. Als meine Eltern kamen, hatte er die Sache in der Luisenstraße auch schon zu Papier gebracht. Über Deborah Rosenberg sagte ich nichts. Und ich nannte keine Namen.

„Das wird dir noch leidtun", schnauzte mich ein dicker, rotgesichtiger Polizist an. Ich starrte schweigend zurück. Mein Vater schlug mir in aller Öffentlichkeit ins Gesicht und weinte dabei. Meine Mutter tat nichts weiter, als mich an der Hand zu nehmen.

„Können wir ihn mitnehmen?", fragte sie leise einen der Polizisten und beugte sich dabei weit über den hohen Tresen, der sie von den Beamten trennte. Sie wollte wohl so leise wie möglich fragen. Der Polizist nickte.

„Aber die Sache wird ein bitteres Nachspiel für den Jungen haben", sagte er dann.

„Ich weiß", sagte meine Mutter. „Aber vielleicht kommt er wieder in Ordnung."

„Wir werden sehen", sagte der Polizist.

„Ja, das werden wir", murmelte meine Mutter und ich stolperte neben ihr her ins Freie.

„Sag, dass es dir leidtut", bat meine Mutter mich draußen. Aber ich schwieg. Ich konnte nichts sagen.

Ben hat inzwischen die Schule verlassen und eine psychologisch betreute Ausbildung zum Landschaftsgärtner begonnen. Für die nachweisliche Beteiligung an den ihm zur Last gelegten Straftaten verurteilte ihn das Jugendgericht zu einer Haftstrafe von anderthalb Jahren, die zur Bewährung ausgesetzt wurde. Zudem erhielt er die Auflage, an einem Anti-Aggressionstraining teilzunehmen, in einer Gruppe, die sich regelmäßig trifft und unter Anleitung von Psychologen versucht, andere Wege der Auseinandersetzung zu finden als die der körperlichen Gewalt.

„Manchmal ist das total heftig", sagt Ben. „Einmal war da so ein Typ dabei, der war so breit wie ein Schrank und baute sich vor mir auf und sagte: ‚He, du Wichser, du siehst aus wie ein Eimer Scheiße …' – Alle haben gelacht und der Typ hat mich breit angegrinst. Es war eine Übung – ich durfte nicht mal laut werden, ich sollte stattdessen versuchen, irgendwie ruhig aus der Sache herauszukommen." Ben schüttelt den Kopf und sagt: „Es fiel mir schwer, wirklich. Früher hätte ich ihm wahrscheinlich gleich ins Gesicht geschlagen." Er hält einen Moment inne.

„In der Woche drauf gab es eine andere Übung – und wieder stand mir derselbe Typ gegenüber." Ben runzelt die Stirn. „Diesmal sollte ich den Anfang machen. Aber an diesem Wochenende ging es nicht um Beleidigungen, sondern darum, dem anderen etwas Nettes zu sagen."

Bens Finger trommeln nervös auf die Tischplatte. Seine Fingernägel sind schwarz von Erdresten. Am Morgen hat er einen Baum gepflanzt.

„Manchmal denke ich, diese Anti-Aggressionsgruppe ist nur Mist, aber dann muss ich an Lene denken, die nicht mehr mit mir spricht – und dann will ich es wieder schaffen und mein Leben in Ordnung bringen."

Es ist kühler geworden, Wind kommt auf, der Himmel hat sich schwarz verfärbt. Es sieht nach einem heftigen Sommergewitter aus.

„Jedenfalls soll ich jetzt einen Brief an Deborah Rosenberg schreiben", sagt Ben nachdenklich. „Ich soll schreiben, was mir gerade in den Sinn kommt. Es muss nicht direkt ein Entschuldigungsbrief sein, aber so was Ähnliches." Er hebt den Kopf. „Mann, was soll ich nur schreiben?" Ben rührt sich lange nicht, aber dann gibt er sich einen Ruck. „Vielleicht schreibe ich ihr einfach alles: von Lene und den Lakritzschnecken, von meinem Opa Gustav, von Lauritz' Lächeln, von der irren Unruhe in mir – alles eben …" Bens hellbraune Augen werden plötzlich dunkel.

„Ich habe richtig Mist gebaut, das weiß ich", sagt er schließlich. „Aber um mich herum ist auch viel Mist: die Politiker, die ganzen Arbeitslosen, der dauernde Krach zwischen deutschen und ausländischen Jugendlichen, all das … Mensch, man müsste vieles ändern, im Grunde! Aber wer ist eigentlich ‚man'?"